AF396877

UNIVERSITÉ DE PARIS

FACULTÉ DE DROIT.

DU

MODE DE PUBLICITÉ

DES HYPOTHÈQUES

ÉTUDE HISTORIQUE, CRITIQUE ET DE LÉGISLATION

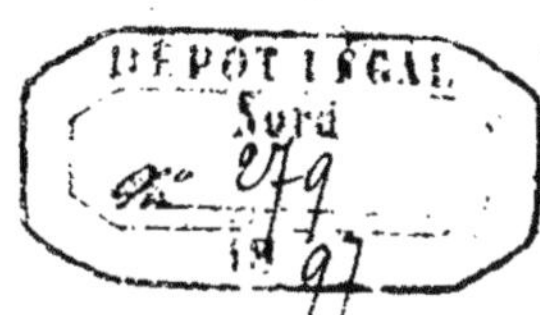

THÈSE POUR LE DOCTORAT

*Soutenue devant la Faculté de Droit de Paris, le Samedi 12 Juin 1897,
à dix heures,*

Par Stéphane FOURMEAUX.

Président : M. BUFNOIR.

Suffragants : { M. MASSIGLI, Professeur.
{ M. PILLET, Agrégé.

LILLE,

IMPRIMERIE L. DANEL.

1897

UNIVERSITE DE PARIS

FACULTÉ DE DROIT.

DU
MODE DE PUBLICITÉ

DES HYPOTHÈQUES

ÉTUDE HISTORIQUE, CRITIQUE ET DE LÉGISLATION

THÈSE POUR LE DOCTORAT

Soutenue devant la Faculté de Droit de Paris, le Samedi 12 Juin 1897, 4213
à dix heures,

Par Stéphane FOURMEAUX.

Président : M. BUFNOIR.
Suffragants : M. MASSIGLI, Professeur.
   M. PILLET, Agrégé.

LILLE,
IMPRIMERIE L. DANEL.

1897

INTRODUCTION.

Le développement du crédit mobilier si considérable
en ce siècle, n'a pas été accompagné en France d'un
développement parallèle du crédit immobilier. Les propriétaires fonciers, et spécialement les agriculteurs,
éprouvent encore aujourd'hui de grandes difficultés pour
se procurer dans de bonnes conditions les capitaux dont
ils ont besoin. L'enquête agricole qui a signalé les dernières années de l'Empire a témoigné de l'existence de
ce malaise, et depuis lors, des sociétés d'agriculture et
des congrès nombreux, cherchant un remède à l'état de
choses actuel, ont cru le trouver dans la réforme de
notre régime hypothécaire. Il est certain, en effet, qu'une
bonne organisation du crédit immobilier dépend en
premier lieu de la constitution du régime hypothécaire
sur des fondements solides, qui donneraient aux prêteurs
une sécurité absolue et une grande commodité dans le
recouvrement de leurs capitaux, rendraient les emprunts
plus faciles et feraient baisser le taux de l'intérêt.

Cette sécurité et cette commodité ne peuvent exister que
si le régime hypothécaire repose sur une large application des principes de la publicité et de la spécialité. La
législation hypothécaire française, vieille d'à peu près
un siècle, n'accorde pas à ces principes la place qu'ils
doivent occuper ; la règle de la publicité spécialement,

quoique inscrite dans notre Code, ne s'y trouve pas appliquée avec toute l'ampleur désirable, et pourtant ses avantages sont immenses ; avec la publicité, le capitaliste qui livre ses fonds sur la garantie réelle qu'on lui offre, pourra s'assurer si l'emprunteur mérite sa confiance et si la valeur du gage n'est pas déjà diminuée ou absorbée par des hypothèques antérieures ; avec la publicité, l'emprunteur pourra donner une preuve certaine de l'étendue de son patrimoine immobilier et montrer que ce patrimoine lui mérite un certain crédit ; avec la publicité, les tiers qui se proposent de traiter relativement à un immeuble quelconque, seront renseignés sur la situation hypothécaire de cet immeuble et éviteront ainsi bien des chances d'éviction.

Ces avantages de la publicité, la loi française ne les procure qu'imparfaitement. D'abord, n'exigeant pas la formalité de la transcription pour tous les actes de mutation de propriété immobilière, elle empêche les personnes intéressées de se renseigner d'une façon certaine sur l'état de la propriété d'un immeuble déterminé. On sait, en effet, que les actes de mutation par décès et les actes déclaratifs sont restés en dehors des prévisions de la loi du 23 mars 1855. La sécurité du capitaliste, qui avance des fonds sur un immeuble ne peut donc pas être complète, car il lui est souvent impossible de savoir si cet immeuble est bien la propriété de l'emprunteur, et lorsqu'il le sait, il doit encore avoir des doutes, à cause des actions en nullité et en résolution dont l'exercice reste possible.

Incomplète relativement au droit de *propriété*, la publicité du Code civil et de la loi de 1855 est également incomplète relativement aux *privilèges et hypothèques :* les privilèges généraux, qui s'exercent accessoirement sur les immeubles sont en effet dispensés d'inscription ; —

les privilèges du vendeur, du copartageant, du cohéritier, et des architectes jouissent, en principe, d'un certain délai pour être rendus publics, leur rang est indépendant de la date de l'inscription et peut rétroagir au jour de leur naissance ; — enfin les hypothèques elles-mêmes ne sont pas toutes soumises à la règle de l'inscription : les mineurs, les interdits et les femmes mariées conservent l'hypothèque que la loi leur accorde indépendamment de toute mesure de publicité ; cette faveur était perpétuelle sous l'empire du Code, et ce n'est que depuis 1855, qu'elle a été limitée à une durée d'une année depuis la cessation de l'incapacité.

Une publicité incomplète ne peut donner aux capitalistes qu'une sécurité incomplète, aussi les propositions de réforme ont été nombreuses. Sans parler de l'enquête de 1841 et des projets de loi de 1851 et 1855, qui n'ont pas abouti, on se trouve aujourd'hui en présence de plusieurs projets qui nous donneraient satisfaction sur ce point s'ils étaient adoptés ; nous signalerons entre tous le projet qui a été déposé le 26 octobre 1896 sur le bureau du Sénat par M. Darlan, Ministre de la justice (1). Ce projet donne une plus grande extension au principe de la publicité, et son adoption réaliserait un progrès considérable. Mais serait-il suffisant pour donner au crédit immobilier une base solide ? — Nous n'oserions nous prononcer sur ce point ; ce projet ne s'occupe pas assez des réformes à apporter à ce qu'on a appelé notre *mécanisme* hypothécaire qui est très défectueux.

Il est en effet impossible, dans l'état actuel de notre législation d'établir avec une complète certitude le bilan d'un domaine ou d'une propriété foncière, puisqu'il n'est pas ouvert à cet immeuble de compte personnel sur les

(1) Voir aussi le projet de MM. Dupuy-Dutemps et Brisson.

registres du conservateur. Tous les jours, il arrive que des particuliers ou des hommes d'affaires s'adressent à ce fonctionnaire pour savoir si tel immeuble est ou non grevé d'hypothèques et pour quel chiffre, et souvent il lui est impossible de répondre, à moins que ces personnes ne lui indiquent exactement l'état civil du propriétaire actuel de cet immeuble, et même des précédents propriétaires. Nos registres hypothécaires, au lieu d'ouvrir un compte à chaque immeuble, ce qui leur constituerait une base fixe et immuable, sont tenus par noms de propriétaires, base changeante et trompeuse ; on conçoit dès lors facilement les difficultés d'une recherche au sujet d'un immeuble déterminé, si on ne connaît pas le nom du propriétaire.

Nous nous proposons dans ce travail d'étudier notre mode de publicité des hypothèques et d'en montrer les inconvénients. Ces inconvénients sont nombreux, mais le principal est celui que nous venons de signaler après bien d'autres : depuis le président Bonjean, et même avant lui, dans l'enquête de 1841 (Cours de Riom et de Montpellier, Facultés de Paris et de Caen) (1) jusque dans ces dernières années aux divers congrès de la propriété foncière et à la Commission extra parlementaire du cadastre, dont les importants travaux ont été réunis en cinq gros fascicules par les soins du Ministre des Finances.

(1) Documents relatifs au régime hypothécaire I, 409 et s.

PARTIE HISTORIQUE.

CHAPITRE I.

DES MODES DE PUBLICITÉ DES HYPOTHÈQUES DANS L'ANTIQUITÉ

Les diverses sûretés réelles que conçurent les peuples primitifs, suivirent un développement graduel dont on peut observer les diverses phases à l'enfance de toutes les législations. Elles consistèrent d'abord en un transfert de la propriété du gage, puis seulement en un transfert de la possession. Ces deux procédés avaient bien l'avantage d'avertir les tiers que tel bien était sorti du patrimoine du débiteur et qu'ils ne devaient plus le considérer comme faisant partie de leur gage. Mais d'autre part, le débiteur était odieusement dépossédé de la jouissance de sa chose, dont le créancier percevait tous les revenus. Ce sont ces inconvénients qui ont fait imaginer l'hypothèque dont le grand avantage est de laisser la chose entre les mains du débiteur.

1. — Les Egyptiens furent dans les premiers à pratiquer ce nouveau système de garantie. Mais pour parer aux dangers qu'il pouvait présenter, tant au point de vue du créancier qui avait intérêt à avoir une preuve évidente de son droit, qu'au point de vue des tiers qui auraient

pu être trompés par les apparences de crédit d'un débiteur resté en possession des biens grevés, ils établirent la *publicité des hypothèques*. C'est ainsi qu'à Thèbes et à Memphis, les contrats d'hypothèques étaient revêtus d'une grande publicité ; dressés en présence de seize témoins devant un fonctionnaire public ayant quelque analogie avec nos notaires, ces contrats étaient transcrits en entier sur des registres publics (1).

2. — Les rapports commerciaux qui unissaient les Egyptiens aux pays voisins, et spécialement aux Grecs et aux Babyloniens, contribuèrent beaucoup à étendre la notion de l'hypothèque. Comme chez les Egyptiens, ce moyen de garantie y revêtit le caractère de la publicité.

Les modes de publicité usités en Grèce n'étaient pas partout les mêmes; et ils variaient souvent d'une ville à l'autre. Ainsi à Cyzique (île de la Propontide), les hypothèques étaient inscrites sur un registre spécial ; à Athènes, Syros (île de la mer Egée) et Amorgos (une des Sporades) elles étaient rendues publiques au moyen des ὅροι, auxquels nous consacrons plus loin une étude détaillée ; ailleurs, l'hypothèque était l'objet de proclamations publiques pendant plusieurs jours consécutifs. Dans la plupart des Etats, elles étaient transcrites sur le registre qui relatait les actes de vente : l'hypothèque y affectait la forme d'une vente à réméré, et la publicité donnée à la vente (sans toutefois avoir ce but) réalisait en même temps la publicité de l'hypothèque (2) et suffisait à protéger les tiers.

La publicité faite au moyen des ὅροι était particulière à

(1) Beaune, Droit coutumier Français. — Les contrats, p. 524. — Révillout, les obligations en droit Egyptien, p. 192 et suiv.

(2) V. le fragment du *Traité de lois de Théophaste* conservé par Stobée. — Florilegium XIV, 22 et Stobée, Sermonum XLII, p. 280 éd. 1609.

l'Attique et à quelques îles voisines. Par son originalité, par sa primitive simplicité, autant que par les documents importants qui nous en sont parvenus, cette forme de publicité mérite d'attirer particulièrement notre attention.

Les ὅροι que la Grèce paraît avoir empruntés à Babylone, étaient des bornes en pierre, des poteaux ou des tablettes (qu'on incrustait dans les murs), sur lesquels se trouvait une inscription (1). Les ὅροι étaient très répandus en Grèce. Dans la plupart des villes, ils avaient pour mission de faire connaître au public le caractère spécial de certaines propriétés; ainsi, ils servaient souvent à indiquer que tel terrain était un terrain religieux, ou un terrain réservé aux sépultures, ou une propriété du domaine public ; ils servaient aussi dans certaines villes à rendre publiques les aliénations d'immeubles. Dans l'Attique seulement, les ὅροι servaient de mode de publicité des hypothèques et des diverses charges de la propriété : réméré, antichrèse, dotalité, etc. L'idée de se servir des ὅροι pour rendre publiques les hypothèques dont un bien était grevé, naquit sans doute de ce fait que les ventes d'immeubles étaient portées à la connaissance des tiers par ce moyen, et l'on sait qu'à l'origine les constitutions d'hypothèques affectaient toujours la forme d'une vente à réméré. A l'époque où la conception de l'hypothèque, droit réel spécial, distinct du droit de propriété fut mise en relief par les jurisconsultes, les Athéniens furent tout naturellement amenés à se servir des ὅροι pour rendre publiques les hypothèques, tout comme on se servait des ὅροι pour rendre publiques les mutations de propriétés.

(1) Harpocration. Vᵒ Ὅρος· οὕτως ἐκάλουν οἱ Ἀττικοὶ τὰ ἐπόντα ταῖς ὑποχειμέναις οἰκίαις καὶ χορίους γράμματα, ἃ ἐδήλουν ὅτι ὑπόχεινται δανεισῇ. — Pollux. Onomasticon III, 85 : ὅρους ἐφισλάναι χορίῳ· λίθος δὴν στήλη στις δηλοῦσα ὡς ἔστιν ὑπόχρεων τινι τὸ χωρίον.

L'étude de l'épigraphie grecque nous a fait connaître ces inscriptions ou ὅροι. M. Kœler en a réuni cinquante et une sous la désignation de *termini fundorum pigneratorum*, et M. R. Dareste, dans un savant article de la *Nouvelle revue historique* (1), en a fait la classification suivante :

La plupart de ces ὅροι indiquent des ventes à réméré (qui furent la première forme de l'hypothèque) ; quelques-unes sont des inscriptions conservant au profit du vendeur qui n'a pas encore payé son prix un droit analogue à notre privilège du vendeur ; deux inscriptions font connaître des droits d'antichrèse ; et dix-huit se rapportent à des hypothèques de femmes et de mineurs.

L'utilité de ces inscriptions ou ὅροι pour rendre publiques les charges de la propriété, se manifestait d'une façon plus pressante à Athènes que dans les autres pays de la Grèce. En effet, tandis qu'ailleurs les divers changements dans l'état de la propriété étaient transcrits sur des registres spéciaux, il n'existait à Athènes aucun registre de ce genre ; les banquiers y tenaient bien un livre pour relater la perception des droits de mutation du centième denier, mais ce livre était-il ouvert au public ?

Voici deux exemples d'inscription ou ὅροι empruntés à l'intéressante étude de M. Dareste :

N° 37. Hypothèque de mineur (ἀποτίμημα). « Sous l'Archontiat de Nicoclès. (302-301 av. J.-C.) enseigne d'un terrain et d'une maison et de l'eau appartenant auxdits terrains, formant deux lots affectés à Chœrippos et Charias, enfants orphelins de Charias isotèle. »

N° 41. Hypothèque garantissant une dot : « Enseigne d'un terrain affecté à la dot d'Hippocléia, fille de Démo-

______

(1) R. Dareste : les inscriptions hypothécaires en Grèce (*Nouv. Rcr. histor de dr fr. et étrang.* IX, 1885, p. 1 et suiv. — M. Kœhler : Corpus inscriptionum atticarum, tome II, Pars II, p. 498.

charès, de Lenconoé, un talent ; le reste aux Cécropides, aux Lycomèdes, aux démotes de Phlya. » (1).

Si l'on compare ces deux inscriptions, on voit qu'elles contiennent des indications qui se retrouvent dans chacune d'elles, et d'autres indications qui ne figurent que dans une seule. Parmi les éléments communs à ces deux inscriptions, il importe de noter : le nom du créancier, la nature de la dette et l'objet de l'hypothèque. D'autre part, une seule de ces deux inscriptions contient le nom de l'archonte éponyme, pendant la magistrature duquel la dette avait été contractée, ce qui fixait la date et le rang de l'hypothèque. De plus, seule la seconde inscription contient le nom de plusieurs créanciers ayant des droits sur l'immeuble hypothéqué en vertu de causes différentes. Cette inscription est même la seule de toutes celles citées par M. Dareste qui présente cette particularité. Cela résulte, sans doute, de ce fait qu'à l'origine, l'hypothèque se constituait toujours par le moyen d'une vente à réméré, et que par suite du caractère de la vente qui immobilisait la chose dans les mains du créancier, ce bien ne pouvait servir qu'une seule fois de garantie. On peut donc supposer que cette dernière inscription est d'une époque relativement récente, époque assez difficile à déterminer exactement, où les Grecs avaient conçu l'idée de deux droits d'hypothèques pouvant grever un même bien tout en laissant la chose hypothéquée à la disposition du débiteur.

Il est à remarquer encore, que l'inscription relative à l'hypothèque des mineurs contient seule l'indication de la date de la constitution de la garantie et que la seconde inscription, tout en renfermant des indications suffisantes pour déterminer le rang des créanciers ne porte aucune

____

(1) Dareste, loco cit.

mention de la date. Parmi les inscriptions recueillies par M. Kœhler, il y en a très peu qui portent cette mention : M. Dareste en signale seulement six. Le motif de cette lacune consiste sans doute en ce que le plus souvent, comme on l'a vu plus haut, le bien hypothéqué ne servait de garantie que pour une seule créance ; la mention de la date était alors tout à fait accessoire, et elle ne devint d'une réelle utilité que lorsqu'on reconnut à un propriétaire la faculté d'hypothéquer son bien à deux créanciers différents. Mais cette réforme ne se fit pas en un jour, elle ne se fit que petit à petit, et c'est ce qui explique que la date se trouve seulement dans quelques inscriptions. Encore faut-il ajouter que jamais la date ne fut une mention nécessaire pour la validité de l'inscription.

Les ὅροι les plus anciens que nous possédions, sont postérieurs à la guerre du Péloponèse (an 431 avant Jésus-Christ) ; les plus récents sont du milieu du troisième siècle avant notre ère. Ils tombèrent en désuétude après cette époque, sans qu'on nous en indique la cause, et Harpocration, grammairien contemporain de Marc-Aurèle, ne les signale que comme une pratique depuis longtemps abandonnée.

Le mode de publicité des charges réelles, et spécialement des hypothèques, par les ὅροι, présentait quelques dangers. En l'absence d'un magistrat ayant pour mission de constater dans des registres officiels la constitution et l'extinction des hypothèques, il pouvait arriver que des citoyens de mauvaise foi cèdent facilement à la tentation de faire disparaître l'enseigne afin d'arriver à augmenter leur crédit. D'autres, au contraire, dans la crainte de se voir proposer l'ἀντίδοσις (1), cherchaient à se faire

(1) La république d'Athènes au lieu de pourvoir directement à certaines dépenses d'intérêt général, exigeait que les citoyens riches remplissent à leurs frais certaines obligations : équipement et

passer pour plus pauvres qu'ils ne l'étaient réellement, et pour cela plaçaient des ὅροι sur leurs fonds au profit de créanciers imaginaires(1). Les auteurs anciens contiennent de nombreux exemples de ces fraudes, et c'est peut-être ce fait qui fut la cause de l'oubli dans lequel tomba ce primitif mode de publicité des hypothèques.

3. *A Rome.* — Les Romains, qui ont eu de très bonne heure la notion de la propriété individuelle, n'ont connu qu'assez tard l'hypothèque, et cela s'explique aisément : peuple de laboureurs et de pasteurs, ils restaient chez eux, n'ayant avec les peuples voisins que des rapports d'ennemi à ennemi, leur faisant la guerre pour des motifs futiles, dans le seul but d'étendre leur domination. A la différence des Grecs, ils pratiquaient fort peu le commerce, aussi éprouvèrent-ils moins vite le besoin de développer les moyens de crédit. Les emprunts étaient rares, et lorsqu'il s'en faisait, les prêteurs exigeaient plutôt des garanties personnelles, qui, étant donnée la solidarité qui unissait les membres de la famille romaine offraient plus de sécurité que le lopin de terre inculte du plébéien

armement des navires de guerre, chorégie, etc. ; seuls les plus riches étaient soumis à cet impôt. Le citoyen qui se croyait injustement désigné pour le supporter, pouvait en rejeter le fardeau sur un citoyen plus riche par le moyen de l'ἀντίδοσις (ἀντί-δίδωμι). Ce moyen consistait à faire une sommation au citoyen plus riche d'avoir à supporter la dépense. Si celui-ci accédait à la sommation, on s'en tenait là et l'impôt était supporté par le citoyen sommé. Sinon, une longue procédure s'engageait à la suite de laquelle les magistrats désignaient celle des parties qui supporterait l'impôt, mais ils ne décidaient pas, comme on l'a soutenu, qu'il y aurait eu échange des deux patrimoines. Cet échange n'avait lieu qu'au cas où le défendeur qui succombait refusait de payer l'impôt.

V. Dictionnaire des antiquités grecques et romains par Daremberg et Saglio, Tome I, p. 288 et s.

(1) Exupère Caillemer. — *Études sur les antiquités juridiques d'Athènes*, — Le crédit foncier à Athènes (1866) p. 15.

ou ses instruments de travail sans valeur. Il arriva pourtant que les liens de famille se relâchèrent, et on vit apparaître les sûretés réelles.

L'emprunteur en échange d'un certain poids d'airain ou de deniers, transférait à son prêteur la propriété des objets formant le gage, par le moyen d'une *mancipatio* ou d'une *cessio in jure*. Puis, intervenait un *pacte de fiducie* par lequel le créancier promettait de transférer la propriété de ces objets à l'emprunteur, sitôt complet désintéressement (1). La sûreté réelle ainsi accordée participait de la publicité qui accompagnait tous les contrats à l'origine de Rome (2), comme à l'origine de tous les peuples, bien que cette publicité, ou plutôt, cette sorte de notoriété accordée au passage de la propriété d'une main dans une autre, n'ait pas eu d'autre but que de suivre les règles d'un formalisme rigoureux, vieux débris des solennités requises autrefois pour sauvegarder les droits de la communauté sur les biens de ses membres. Cette publicité procurait le grand avantage d'assurer la certitude des transferts et d'en conserver la preuve, mais elle ne produisait aucun effet au point de vue de l'intérêt des tiers ; en effet, il n'était pas à craindre que l'objet mancipé ou cédé in jure, étant sorti du patrimoine du débiteur, puisse lui donner l'apparence d'un crédit qu'il n'avait plus. La même observation s'applique au cas

---

(1) Gaius, II, 60. — Paul, Sentences, II, XIII.

(2) La *mancipatio* était, en effet, entourée de cérémonies symboliques auxquelles prenaient part l'acquéreur et l'aliénateur, cinq témoins et un *libripens* ; les cinq témoins représentaient les cinq classes de citoyens ; ce qui porte à penser que l'aliénation des *res mancipi* ne pouvait, à une époque antérieure, se faire qu'avec le consentement de la communauté. — L'*in jure cessio*, comme la *mancipatio*, servait à l'acquisition des *res mancipi* ; elle consistait dans un procès fictif en revendication de la propriété, qui se déroulait devant le magistrat, dans un lieu public, le *forum*.

où le débiteur, au lieu de transférer au créancier la propriété du gage, n'en cédait plus que la possession ; ici comme tout à l'heure, le créancier détient publiquement la chose.

A une époque qu'il est difficile de préciser, on vit apparaître à Rome l'hypothèque (1). Appliquée d'abord à la garantie du bailleur d'un fonds rural, elle fut ensuite étendue à la garantie de toute espèce de créances. Son avantage était grand : elle laissait les débiteurs en jouissance de l'objet grevé. Ce nouveau mode de garantie ne fit pas disparaître tout d'un coup les anciennes sûretés réelles, qu'on voit encore utilisées sous le Bas-Empire, La déchéance de ces sûretés (aliénation fiduciaire et pignus) arriva cependant par suite de l'extension du commerce et de l'affluence des étrangers. Les pérégrins, exclus du *jus civitatis,* ne pouvaient avoir qu'une propriété du droit des gens ; ils ne pouvaient recourir aux modes d'aliénation purement civils et réservés aux citoyens romains, seuls capables d'acquérir la propriété quiritaire. La tradition tendit à remplacer les anciens modes de transférer la propriété, et l'hypothèque devint la sûreté réelle d'application courante. Malheureusement, les Romains ne surent pas donner à cette institution la qualité nécessaire de la publicité, et la laissèrent couverte de la grande tare de la clandestinité. Aussi l'organisation de l'hypothèque romaine fut peut-être une belle œuvre théorique mais ne procura qu'un mauvais instrument de crédit.

La garantie accordée au bailleur d'un fonds rural, avant de devenir l'hypothèque et la garantie générale qu'on pouvait stipuler à l'occasion de toutes les créances n'avait pas besoin d'être rendue publique, même dans

---

(1) V. Jourdan. — *Études de Droit Romain.* — L'hypothèque, p. 51 et s.

l'intérêt des tiers. Les tiers, qui traitaient avec un fermier savaient bien que, par le fait même que leur débiteur était fermier, ses récoltes et ses instruments de travail étaient affectés à la garantie du fermage. Plus tard, lorsqu'on étendit aux autres créances la faculté de retirer d'un simple pacte les mêmes avantages que ceux que le préteur romain avait attachés à la créance du bailleur de fonds rural, on laissa au nouveau droit de garantie le caractère occulte qui marquait le droit du bailleur.

Quelques auteurs se sont appuyés sur certains textes pour décider que Rome avait pratiqué comme la Grèce un mode de publicité des charges réelles analogue à l'ὅρος; mais il n'est pas possible que ces textes puissent avoir l'importance qu'on leur accorde (1). Loyseau, dans son traité sur le déguerpissement, dit que « cette façon de faire de mettre des bornes aux héritages hypothéqués a été observée à Rome avant les Empereurs pour toutes les hypothèques, et que cette coutume ne fut abolie que par plusieurs dispositions expresse des empereurs jaloux de leur autorité. » (2).

Mais les signes dont il est parlé dans ces textes, n'avaient pas la mission de publier les hypothèques : dans le premier texte, il s'agit de l'affiche (*libellus*) annonçant l'envoi en possession des créanciers et la vente des biens du débiteur. Quant au second, Pothier l'explique (Pandectes XLII. XXIV, n° 44) en disant qu'il s'agit d'une contestation entre deux personnes, dont l'une propose à l'autre, en guise de preuve de son droit de propriété, de placer au grand jour sur le bien en litige une inscription portant son nom ; car à Rome, dit-

---

(1) Sénèque : *de beneficiis* IV, c. XII, § 3. — L. 22, § 2 D. (*Quodvi aut clam*) XLII, t. 24.

(2) Loyseau, *Traité du déguerpissement* (Livr. III, ch. I, n° 25).

il, on avait coutume de placer sur les maisons des inscriptions contenant le nom du propriétaire.

La clandestinité des hypothèques était donc absolue à Rome. Les progrès, si l'on peut appeler ainsi les diverses tentatives qui furent faites pour mettre un terme aux fraudes dont abusaient certains débiteurs, furent très lents à se réaliser. Cette lenteur s'explique, car l'idée de crédit était encore dans l'enfance, et de plus, « de puissantes personnalités romaines auraient vu d'un très mauvais œil s'installer chez eux ces impitoyables teneurs de livres, qu'on appelle conservateurs des hypothèques, et qui sont toujours prêts à étaler aux yeux de tous les plaies hypothécaires de chacun » (1).

Si le droit romain n'a jamais connu les bienfaits de la publicité hypothécaire, il renferme cependant quelques dispositions destinées à empêcher les fraudes que favorisait la clandestinité. On décida d'abord que le débiteur qui antidaterait une constitution d'hypothèque pour faire passer un créancier avant un autre, serait frappé des peines du *faux* (2). D'autre part, se rendait coupable du crime de *stellionat*, celui qui hypothéquait un bien déjà grevé en cachant au prêteur l'existence d'hypothèques antérieures. (L. 3 D. XLVII, XX). Contrairement à ce qui se passait dans notre ancien droit, le stellionataire était non seulement celui qui avait déclaré à tort que ses biens n'étaient pas hypothéqués, mais aussi celui qui avait simplement omis de déclarer les hypothèques qui grevaient ses biens. Les peines dont était puni le stellionat étaient graves et infâmantes : relégation et condamnation aux mines ; elles devaient par ce fait exercer une certaine influence sur la sincé-

(1) Jourdan. De l'hypothèque romaine, p. 705.

(2) Machelard : *Dissertations du droit romain*, p. 130.

rité des emprunteurs. Enfin, l'empereur Léon, en l'an 449, décida que les hypothèques constatées soit par acte public, soit par acte privé signé de trois témoins irréprochables. « *probatæ atque integræ opinionis* », seraient toujours préférées aux hypothèques même antérieures, constituées par simple acte privé (*idiochirum*) (1). Cette constitution n'était pas impérative et n'exigeait pas pour la preuve de l'hypothèque un acte public ou quasi-public ; elle se bornait à déterminer le rang de plusieurs créanciers hypothécaires dont les uns étaient armés d'un titre public ou quasipublic, et les autres d'un titre simplement privé. Elle enlève simplement la force probante, en tant qu'il s'agit de la date, à un simple acte sous seing privé, mais n'a pas eu pour but de transformer la convention d'hypothèque en un contrat solennel (2). « Ce timide essai de réforme, dit M. Accarias dans son traité de droit romain, ne satisfaisait pas aux véritables besoins du crédit, et le régime hypothécaire romain resta ce qu'il avait été à l'époque classique, une conception admirable de justesse, mais sans organisation pratique, comparable à une horloge bien réglée dont le cadran ne marquerait pas les heures » (3).

(1) L. 11 C. *Qui potiores in pignore* L. VIII. T. XVIII.

(2) Jourdan. Op. cit. chap. XLVI, p. 625-626.

(3) Accarias. Précis du Droit Romain. Tome I, n° 287.

CHAPITRE II.

LES MODES DE PUBLICITÉ DES HYPOTHÈQUES DANS L'ANCIEN DROIT FRANÇAIS.

SECTION I. — **Période antérieure à la féodalité.**

Les Gaulois comme les Germains, qui pratiquaient la propriété collective de la terre (1) ainsi qu'en témoignent César et Tacite, n'ont pas connu l'hypothèque, dont l'idée suppose nécessairement une appropriation privative de la terre. Mais la Gaule romaine, a dû connaître l'hypothèque telle qu'elle était organisée à Rome, avec le caractère de la clandestinité. On en trouve la preuve dans la loi romaine des Wisigoths ou Bréviaire d'Alaric, qui, suivant le principe de la personnalité des lois, consacre l'existence de l'hypothèque romaine pour ses sujets Gallo-Romains, sans toutefois l'introduire dans leur loi nationale : les formes symboliques dont étaient entourés chez eux les contrats, s'opposaient à ce qu'ils adoptent l'hypothèque romaine, que le seul consentement suffisait pour constituer (2).

Chez les Barbares, les meubles seuls servaient de gage aux créanciers, qui ne pouvaient saisir les immeubles,

(1) César. Commentaires VI § 22. — Tacite. Germanie XVI, XXVI.

(2) Glasson. *Histoire du droit et des institutions de la France.* Tome III, p. 141.

en souvenir sans doute de l'ancienne communauté agraire.
Les seules garanties que stipulaient les créanciers, étaient
des sûretés personnelles et des clauses pénales (1).
Toutefois on finit par reconnaître aux débiteurs le droit
de faire au créancier des aliénations de jouissance, lui
conférant un véritable droit de gage. On convenait ordinairement que le créancier posséderait l'immeuble du
débiteur et en jouirait jusqu'à parfait paiement ; ou bien
que le créancier serait propriétaire de la chose engagée
en cas de non-paiement à l'échéance. De même que les
transferts de propriété, ces conventions que nous retrou-
vons au Moyen Age sous les formes mieux définies du
mort-gage et du vif gage, étaient conclues au moyen de
l'accomplissement de formalités symboliques, *in mallo
publico*, devant le comte, ou devant le tribunal. Le comte
(*graaf*) qui représentait l'autorité royale, était assisté
des *boni homines*. La cérémonie consistait, tantôt en
une renonciation solennelle du propriétaire, et dans la
remise à l'acquéreur d'un objet quelconque : couteau,
fêtu de paille ou de bois (*festuca*), pièce de monnaie, etc.,
tantôt en une investiture réelle de la chose ou d'un
fragment de la chose : bâton, rameau, motte de terre.

L'accomplissement de ces formalités solennelles était
entouré d'une grande publicité, et cette publicité était
exigée non seulement pour la validité de l'acte, mais
encore pour en assurer la preuve en cas de contestation (2).

La publicité dont on entourait les actes d'aliénation en

(1) Eug. de Rozières. *Recueil des Formules (1859)*. Tome I,
p. 141 et 142. Formules 113 et 115.

(2) Glasson. Op. cit. T. III, p. 138 et s. — La loi des Ripuaires
LIX et LX exigeait la présence d'un certain nombre de témoins
parmi lesquels il y avait des enfants à qui on donnait des soufflets
et à qui on tirait les oreilles afin de graver dans leur mémoire le
souvenir de la cérémonie : « *et unicuique de parvulis donet alapas
et torqueat auriculas, ut ei in postmodum testimonium præbeant.*»

général et les actes d'aliénation de jouissance dont nous venons de parler, n'avait pas pour but principal la protection des parties ou des tiers, ou la conservation de la preuve du contrat. A l'origine, ces effets de la publicité n'étaient produits que par surcroît. Il y avait avant tout dans les formalités accomplies la sauvegarde des droits de la collectivité, qui, en vertu de son droit antérieur de propriété, voulait conserver la faculté d'autoriser ou non les aliénations (1).

SECTION II. — **Époque féodale.**

§ I.

Les sûretés réelles immobilières apparurent à une époque assez rapprochée de la période féodale sous la forme d'aliénations de jouissance, on l'a vu. Il en a donc été en France comme à Rome et en Grèce, et la vente à réméré y a précédé l'hypothèque. Chez nous, cette convention prenait tantôt le nom de mort-gage, tantôt celui de vif-gage. Dans le vif-gage, les revenus de l'immeuble étaient affectés à la libération de la dette ; dans le mort-gage, il n'en était pas ainsi, et dans la suite ce contrat fut souvent employé pour s'assurer des intérêts : ce qui devait être recherché à une époque où la législation ne reconnaissait pas la légitimité du prêt à intérêt.

Le droit pour le détenteur d'un fief ou d'une censive de contracter de tels engagements ne dut pas avoir à l'origine une aussi grande étendue. D'une part, l'intérêt féodal s'opposait à ce que les fiefs soient aliénés, abrégés ou démembrés. D'autre part, les tenures étaient toujours viagères. Aussi ne faut-il pas trop s'étonner de l'excessive

(1) Besson. Les livres fonciers et la réforme hypothécaire, p. 50.

lenteur du développement des sûretés réelles au Moyen Age.

On commença par permettre au tenancier de donner comme gage à ses créanciers les revenus de sa tenure, et le consentement du seigneur n'était pas exigé pour cela(1). C'était l'aliénation de jouissance ou vif gage. On l'autorisa ensuite à engager le fonds lui-même, même si ce bien était inaliénable (2). Mais ces actes nécessitaient dans la rigueur du droit féodal, l'intervention du seigneur ou du juge pour ensaisiner l'acheteur ou le créancier, intervention qui se manifestait par les formalités d'investiture ou d'ensaisinement, et qui procurait aux contrats une certaine publicité : l'*investiture et l'ensaisinement* étaient en effet des cérémonies solennelles où les parties prononçaient devant témoins des paroles sacramentelles. Mais la publicité qui en résultait, n'avait pas pour but de protéger les parties ou les tiers. Ces cérémonies étaient exigées dans l'intérêt exclusif du seigneur, qui profitait de toutes les circonstances pour faire reconnaître son droit de suzeraineté, et qui percevait à leur occasion des prestations assez lourdes.

Cependant le temps devait accomplir son œuvre, et les formalités destinées à sauvegarder les droits des seigneurs, devenir un moyen de protection pour les tiers. « A la longue, on s'aperçut que l'ensaisinement arrivait, par son organisation même, à avertir les intéressés des diminutions survenues dans la fortune des possesseurs de fiefs ou de censives. Chaque seigneurie constituant, pour ainsi dire, un petit état autonome et presque sans relations avec les seigneuries voisines, les tiers ne pouvaient

(1) Glasson : *Histoire du droit et des institutions de la France,* T. 6, p. 608 ; t. 7, p. 664.

(2) Beaune : *Droit coutumier français.* — Les contrats, p. 534.

guère ignorer l'existence des mutations réalisées au chef-lieu du comté, en présence des officiers de la cour seigneuriale ou des échevins, avec toutes les solennités d'usage en pareille matière. C'est ainsi que l'idée de publicité, d'abord reléguée au second plan, finit par grandir jusqu'au moment où elle s'affirme victorieuse et efface tout autre considération. » M. Besson expose ainsi dans son remarquable ouvrage sur les livres fonciers et le régime hypothécaire, le changement qui s'est produit dans le but des formalités de l'ensaisinement.

Il ne restait plus, pour consacrer cette évolution, et donner une plus grande utilité encore aux formalités d'investiture et d'ensaisinement, qu'à les relater sur des registres que chacun pourrait consulter. L'usage s'en établit dès le XIIIe siècle. Dumoulin en témoigne (1).

Ce changement dans le but des formalités d'investiture et d'ensaisinement, ne se produisit pas dans toute la France ; il fut particulier aux coutumes de nantissement, c'est-à-dire aux pays du Nord de la France, où l'influence du droit romain fut moins grande qu'ailleurs, où l'esprit d'indépendance se manifesta de bonne heure par le mouvement communal, où le grand développement du commerce et de l'industrie nécessitait une organisation sérieuse de la propriété.

Dans les autres pays, il y eut dès le XIIIe siècle, une tendance très marquée à abandonner les institutions féodales et les coutumes nationales pour la législation romaine, que l'on considérait comme « la raison écrite ».

(1) *Commentaire sur la coutume de Paris*, § 1. Glose 1 n° 31.
Coutume des Vermondois, art. 120 et le *commentaire de Buridan* p. 282, édit. 1728 : « La coutume a ordonné que les greffiers en feraient registres à part, et ainsi je n'entends point des feuilles de papier pour être enfilées et enlacées ensemblement lesquelles se peuvent séparer l'un de l'autre. »

Il en résulta que pour se rapprocher le plus possible de cette législation, les formalités d'investiture et d'ensaisinement furent déclarées facultatives dans les actes constitutifs de droits réels ; elles furent souvent remplacées par une clause de constitut possessoire ou de vest et devest insérée dans le contrat (1). Cette clause devint de style et ne tarda pas à être sous-entendue, si bien que dans ces pays, il se produisit une évolution absolument contraire à celle que nous avons remarquée dans les pays de nantissement : les actes intéressant la propriété des immeubles perdirent le caractère de publicité dont ils étaient revêtus, et devinrent clandestins.

En même temps que s'accomplissait cette transformation dans les formalités exigées pour constituer une sûreté réelle sur un immeuble, la nature de la sûreté elle-même subissait un grand changement : du mort-gage et du vif-gage, on en était arrivé à l'hypothèque.

§ 2. — *Clandestinité de l'hypothèque.*

La clandestinité de l'hypothèque fut une conséquence de la transformation des formalités requises pour aliéner ou constituer un droit réel. Le concours du seigneur ou du tribunal n'étant plus jugé nécessaire pour arriver à ce but, il en est résulté que les parties eurent sur ce point une pleine liberté d'action. Un simple acte sous seing privé était accepté pour prouver l'existence d'une hypothèque (2). Mais l'ordonnance de 1539 vint suppri-

---

(1) Grand coutumier de Charles VI, dans Laboulaye et Dareste, Liv. II, ch. XIX, page 233. « *Ne prend saisine qui ne veut* » — Loyseau : du déguerpissement III, ch. 1, n° 36. — Coutume de Paris, art. 55.

(2) Anc. cout. de Picardie, éd. Marmier, p. 25, 90, 91.

mer ce mode de preuve (1), et ainsi elle ne fit que réaliser une réforme déjà faite dans quelques coutumes (Reims notamment). Il fallut donc désormais un acte authentique pour constituer une hypothèque. L'authenticité avait pour effet de réprimer certaines fraudes, et particulièrement l'abus des antidates, mais elle ne remédiait pas au vice de la clandestinité. Il était, en effet, impossible aux prêteurs comme aux acquéreurs d'arriver à connaître le nom du notaire qui avait présidé à cet acte ; et si par hasard ils le connaissaient, ils ne pouvaient, se faire communiquer l'acte, attendu que les notaires, « dépositaires des secrets des familles », ne pouvaient, alors comme aujourd'hui, donner connaissance de leurs actes qu'aux parties elles-mêmes (2).

La clandestinité rendait très incertaine la situation des créanciers hypothécaires, qui n'étaient jamais sûrs de ne pas être primés par une hypothèque antérieure, et la situation des acquéreurs, qui couraient le risque d'être évincé par l'effet d'une hypothèque qu'ils n'auraient pas connue. Loyseau, dans son Traité du déguerpissement signale les inconvénients de cet état de choses en termes frappants : « nous voyons avenir tous les jours du trouble à cause des hypothèques précédentes, dont il se voit infinité de bonnes maisons ruinées, non par mauvais mesnage, mais pour n'avoir pas assez seurement achepté. Et puis, dire qu'il se trouvera plus de bons mesnagers ruinés par ce moyen, pour les dettes d'autrui et pour avoir mal achepté, que de mauvais mesnagers pour leurs propres dettes et pour avoir mal vendu ; qu'est-ce

(1) Art. 65, 92, 93.

(2) Ferrière. *Dictionnaire de droit et de pratique* v° Notaire. — Ordonnance de 1539, art. 177.

qu'on dit en commun proverbe qu'il y a plus de fols acheteurs que de fols vendeurs » (1).

La clandestinité eut pour résultat d'augmenter le nombre des hypothèques générales, s'appliquant non seulement aux immeubles présents, comme cela se passait à l'origine, mais aussi aux immeubles à venir. Les créanciers, par le moyen de l'hypothèque générale, cherchaient à trouver dans l'étendue du gage la sécurité qu'il ne trouvaient pas dans la publicité et la spécialité. Les hypothèques générales devinrent tellement fréquentes qu'elles étaient la règle à la fin de l'ancien droit; on les avaient attachées en effet à tous les actes notariés même en dehors d'une convention expresse à cet égard (2).

§ 3. — *Coutumes de nantissement.*

Le système de la clandestinité des hypothèques n'était pas pratiqué dans toute la France. Certaines coutumes, (et particulièrement celles de Picardie (art.   ), de Vermandois (art. 119), de Flandre, d'Artois (art. 75), de Cambrai (tit. V, art. 1), de Reims (art. 175), d'Amiens (art. 140), de Montreuil (art. 30), de Ponthieu (art. 119), de Péronne (art. 160), de Laon (art. 119), etc..) étaient restées fidèles aux traditions du droit féodal, et ne s'étaient pas laissé envahir par le flot des idées romaines. Ces coutumes pratiquaient pour les aliénations, comme pour les constitutions de droits réels immobiliers, et notamment pour la création des hypothèques, un système de publicité issu des formalités d'investiture et d'ensaisi-

---

(1) Loyseau. *Traité du déguerpissement*, Lyon (1701). L. III, ch. 1, n° 19.

(2) Basnage. *Tr. des hypothèques* (Rouen, 1778). Tome II, ch. 1, p. 2. — POTHIER. *Œuvres posthumes*, T. III.

nement exigées autrefois dans l'intérêt féodal. Les provinces où ce système était en vigueur, étaient appelés *pays de nantissement* ; c'étaient surtout les pays du Nord et du Nord-Est de la France.

L'expression de nantissement dérivait des formalités nécessaires pour l'acquisition d'un droit réel immobilier ; l'acquéreur devait se faire « nantir » du droit qui entrait dans son patrimoine. Ces formalités portaient différents noms et variaient suivant les coutumes ; tantôt on les appelait *dessaisine et saisine*, tantôt *vest et devest*, tantôt *déshéritance et adhéritance*, tantôt *mise de fait*, tantôt *main assise* (1). Le nantissement, c'était « l'ensemble, le complètement et le résultat de ces formalités », qu'on désignait quelquefois sous le nom collectif d'*œuvres de loi, devoirs de loi*.

Au commencement de l'époque féodale, celui qui voulait aliéner un bien immobilier, fief ou censive (dans les cas et à l'époque où cette aliénation fut permise), devait remettre sa chose à celui de qui il la tenait, avec prière de vouloir bien en investir la personne qu'il désirait pour acquéreur (2). Cette formalité s'accomplissait sur le lieu même où se trouvait le bien vendu, devant la cour féodale, composée du bailli et des hommes de fief, ou devant le tribunal des échevins, suivant que le bien vendu était un bien noble ou un bien roturier. L'aliénateur se désaisissait solennellement de la propriété de son bien entre les mains du seigneur ou du juge ; puis celui-ci investissait le nouveau propriétaire.

La formalité de la dessaisine et de la saisine fut

(1) Merlin. Répert. de Jurispr. 5ᵉ édition. Vᵒ. Nantissement, p. 575 ; Paris : 1827.

(2) Glasson. Op. cit. T. IV, p. 360. — M. Glasson fait justement remarquer qu'il se passe encore aujourd'hui quelque chose d'analogue pour la transmission des offices ministériels.

d'abord une formalité matérielle. Elle fut remplacée plus tard par une reconnaissance du contrat, faite devant les juges royaux ou devant les officiers du seigneur. « Les deux contractants, dit l'art. 264 de la coutume de Péronne, doivent comparaître devant le bailli ou lieutenant du lieu, et illec déclarer en présence du greffier et de deux témoins, le contrat qui aura été fait, dont sera fait acte, qui vaudra dessaisine et saisine, sans autre formalité. »

Les formalités du nantissement étaient nécessaires pour transférer la propriété comme pour constituer les autres droits réels immobiliers: servitude, usufruit, hypothèque. Ces formalités correspondaient à la fois à l'intérêt du seigneur dont elles augmentaient les revenus, par la perception des droits de lods et ventes, de franc-fief, de quint et de requint, etc., et à l'intérêt de l'acquéreur du droit réel, qui obtenait ainsi une preuve évidente de son droit.

Le nantissement s'opérait le plus souvent par *vest et devest, dessaisine saisine, ou déshéritance adhéritance.* Dans ce cas, « le vendeur *ou* débiteur se dévêt de la propriété de l'héritage ès-mains du seigneur qui a la justice foncière d'iceluy, et l'acquéreur ou créancier hypothécaire s'en fait ensaisiner par la tradition d'un bâton ou bûchette. » (1).

Il y avait d'autres façons de procéder à la formalité du nantissement. Dans quelques coutumes, et notamment dans la coutume de la Châtellenie de Lille, les créanciers hypothécaires pouvaient se faire nantir de leurs droits par main assise ou par mise de fait (2). Il y avait *main*

(1) Loyseau. Op. cit. liv. III, ch. I, n° 33. — Ferrière op. cit. V° Nantissement.

(2) Cout. de la Châtellenie de Lille, éd. 1652, p. 40 et suiv. — Merlin. Répertoire V° Main assise et mise de fait. — Ferrière. V° Nantissement. — Loyseau, loc. cit. n° 34.

assise « quand le créancier hypothécaire faisait asseoir
sur l'héritage la main du roi ou de justice et faisait
ordonner par le juge, l'obligé et le seigneur direct appelés,
que ladite main tiendrait jusqu'à ce qu'il soit payé. »
Il y avait *mise de fait* « quand le créancier par commission du juge se faisait mettre en fait et décréter en
droit en la possession de l'héritage qui lui est hypothéqué,
ayant ajourné pour cct effet le débiteur et le seigneur
direct. » Les formalités de mise de fait et de main assise
étaient assimilées à la saisine à la dessaisine et produi-
saient le même effet : « Mise de fait décrétée est équipollée
à déshéritement et adhéritement, et emporte vigueur de
sentence au regard des signifiés. » (1)

L'accomplissement des formalités du nantissement ne
suffisait pas pour constituer le droit réel immobilier, il
fallut à partir d'une certaine époque en consigner le
procès-verbal sur un registre ad hoc tenu par les greffiers (2). La date de l'inscription sur ce registre fixait le
rang de l'hypothèque. Jusqu'à ce moment le créancier
hypothécaire n'avait qu'une action personnelle contre
son débiteur ; et même, si le débiteur consentait une
nouvelle hypothèque à une autre personne, postérieurement à la première, et si cc nouveau créancier faisait
inscrire son droit le premier, c'est lui qui était préféré,
bien que sa créance avait une date postérieure (3). C'est
ce que nous dit expressément la coutume de Bruges :
« celles rapportées les premières sur le mesme registre,
et qui y sont signées, quoiqu'elles fussent postérieures

(1) Cout. de la Châtellenie de Lille, Tit. XII, art. 4. — Cout.
d'Artois, art. 71.

(2) Cout. de Vermandois. art. 119 et 120. — Cout. de Bruges.
Tit. XXVII, art. 2. — Cout. de Reims, art. 177.

(3) D'Héricourt. Traité de la vente des immeubles (1727), ch. X,
sect. III, n° 8.

en date étant préférées. » et Buridan, sous l'art. 175 de la coutume de Reims: « Nantissement n'est requis contre le débiteur mais contre un tiers créancier seulement.» (1) On voit par là que la règle aujourd'hui admise pour déterminer le rang de l'hypothèque, était déjà admise dans le pays de nantissement et que la convention d'hypothèque ne suffisait pas à elle seule pour rendre le droit qu'elle engendre opposable aux tiers. Ce n'était que par l'inscription que la créance prenait un rang utile ; jusque-là le droit du créancier n'existait que vis-à-vis du débiteur.

Rien ne pouvait remplacer les formalités du nantissement. Si le contrat avait été reçu par un notaire, il n'emportait pas hypothèque par cela même, comme dans le reste du royaume ; ces contrats étaient réputés « purs, personnels et mobiliers, s'ils n'étaient nantis par les officiers des lieux d'où relevaient les biens affectés et obligés (2). »

— La plupart des anciens auteurs (Buridan, Loyseau, Ferrière) font remonter au droit romain l'origine de la pratique du nantissement. Pour eux, le nantissement aurait été introduit « pour satisfaire au principe de la jurisprudence romaine, que ni la propriété d'aucune chose ni aucun droit réel sur icelle, ne se peut acquérir sans tradition. » Le nantissement devait être considéré comme une tradition : réelle à l'origine, à l'époque où l'ensaisissement de la chose entre les mains de l'acquéreur était une formalité matérielle; feinte et simulée dans la suite, lorsqu'on se contenta de relater sur un registre l'expression de la volonté des parties. Depuis longtemps cette

(1) Cout. de Bruges, Tit. XXVII, art. 2. — Cout. de Reims, art. 175. — Cout. de la Châtellenie de Lille, Tit. XII, art. 12.
(2) Ferrière. *Dictionnaire de droit et de pratique.* V° nantissement.

question n'est plus discutée, et tout le monde admet que
la pratique du nantissement a son origine dans les
prescriptions du droit féodal. « Les seigneurs, autrefois
propriétaires de tous les héritages situés dans leurs
territoires respectifs, en ont inféodé ou accensé une partie
à leurs vassaux; mais le domaine direct de ces fonds
demeurant toujours dans leurs mains, il ne peut pas être
au pouvoir des vassaux de transférer leurs droits à des
tiers sans l'intervention des seigneurs. » Ainsi parlait
Merlin dans son répertoire, et depuis, cette doctrine s'est
encore confirmée (1).

— Telles qu'elles étaient pratiquées à l'origine, les
formalités du nantissement revêtaient par elles-mêmes
un grand caractère de publicité ; l'investissement solennel,
la réunion de la cour féodale ou du tribunal des échevins
suffisaient pour porter à la connaissance de tous, les actes
constitutifs de droits réels immobiliers. Lorsque plus
tard, le nantissement fut considéré comme réalisé par la
rédaction d'un procès-verbal constatant la volonté des
parties, et que tous les procès-verbaux dressés furent
réunis par les greffiers dans des registres à ce destinés (2),
on imagina de rendre ces registres publics. Pour y
arrriver, on autorisa les greffiers, dépositaires des
registres, à les communiquer et à en délivrer des extraits
« à qui jurerait en avoir besoin (3). »

Les registres constatant la création des hypothèques
étaient tenus par le greffier de la justice royale ou
seigneuriale dans le ressort de laquelle se trouvait

(1) Merlin. *Répertoire*, V° Nantissement, p. 375. — Laurent.
Principes du droit civil, XXX, N° 164. — Guillouard. *Tr. des
privilèges et hypothèques*, T. I, N° 19.

(2) Cout. de Reims, art. 177. — Cout. de Vermandois, art. 120.—
Cout. d'Amiens, art. 140.

(3) Ord. de Philippe II, du 10 janvier 1592.

l'immeuble, objet du contrat. Il était donc facile au créancier de se renseigner sur l'état de fortune de son débiteur, et de ne contracter avec lui que s'il lui reconnaissait un crédit suffisant (1).

La publicité des hypothèques ainsi organisée augmentait la sécurité des transactions, et, tarissait une source inépuisable de procès.«Le commerce en est beaucoup plus assuré, nous dit Buridan, dans son commentaire de la coutume du Vermandois ; par ce moyen, qui donne son bien, peut reconnaître à qui il le donne, et avec qui il contracte ; au contraire, aux coutumes susdites qui n'admettent pas le nantissement (Chalons, par exemple), tel pense contracter avec un homme riche et opulent, étant tel en apparence, qui peut-être n'aura rien, son bien étant engagé en obligations inconnues (2).» La publicité permet de « découvrir les fallaces et tromperies des débiteurs frauduleux qui ne se peuvent si aisément reconnaître par les hypothèques nuement constituées du seul consentement des parties, et au moyen d'icelle, l'on put éviter une infinité de procès, lesquels ordinairement arrivent entre les créanciers sur le débat des hypothèques, antériorité et priorité d'icelle (3). »

(1) Lorsque le nantissement avait eu lieu par main assise ou par mise de fait, la publicité résultait de la procédure suivie et de l'inscription de la sentence de *décrètement* sur les registres du greffe. Le créancier se transportait sur l'héritage avec un huissier, qui dressait, en présence de témoins, procès-verbal de la main assise ou de la mise en possession (V. Ferrière. *Dict. de droit et de pratique*, Tome II, Vº Nantissement, P. 345. Ce procès-verbal était signifié aux parties intéressées (propriétaire de l'héritage et seigneur qui l'avait dans sa mouvance). Intervenait ensuite la sentence de *décrètement* qui équivalait à deshéritement et adhéritement (V. Cout de la châtellenie de Lille, titre XII, art. 7.— Cout. d'Artois, art. 71 et Répert. de Merlin au mot Mise de fait.

(2) Cout. du Vermandois, commentée par Buridan, art. 120, p. 279.

(3) Ibid.

C'étaient non seulement les hypothèques conventionnelles, mais aussi les hypothèques tacites ou légales qui
devaient être soumises à la formalité des devoirs de la
loi. Seule l'hypothèque tacite du fisc était dispensée de la
formalité du nantissement ; les hypothèques des femmes
et des mineurs devaient être « nanties » pour produire
leur effet. La coutume de la Châtellenie de Lille est très
expresse sur ce point : « Par la coutume générale, ne
sont aucunes hypothèques tacites que le privilège du
Prince » (1). Ce point a pourtant été contesté, mais une
déclaration du 12 juillet 1749, rendue sur les réclamations du Parlement de Flandre, décida qu'une enquête
serait faite à ce sujet ; l'enquête n'eut jamais lieu, et tout
le monde s'accorda à décider que les hypothèques tacites
étaient restées soumises à la formalité du nantissement (2).

Quant à l'hypothèque judiciaire, elle n'existait pas dans
les pays de nantissement. La plupart des coutumes en
font une mention expresse ; seuls le Vermandois, la
Picardie, Reims et Amiens (3) en reconnaissaient l'existence, et cela semble assez naturel si on remarque que
ces coutumes faisaient déjà partie du ressort de la France
quand l'ordonnance de Moulins (février 1566) introduisit
l'hypothèque judiciaire (4). Mais dans les autres pays, et
particulièrement en Flandre et en Artois, les jugements
n'emportaient aucune hypothèque sur les biens du
condamné (5).

(1) Cout. de la Châtellenie de Lille. Tit. XXII, art. 3. — Édit
perpétuel du 12 juillet 1611, art. 24. — Maillart, sur la coutume
d'Artois. Titre II.

(2) Merlin. Répertoire. V° Nantissement, § II, art. V, p. 392.

(3) Id., art. IV. p. 390. — Cout. de Vermandois, art. 124 —
d'Amiens, art. 137 — de Reims, art. 180.

(4) Jourdan, Decrusy et Isambert, *Recueil des anciennes Lois
françaises*. Tome XIV, p. 203.

(5) Cout. d'Artois, art. 74. — V. Merlin, ibid. — Louis XIV, dans
une déclaration du 14 mai 1685, a reconnu formellement cet état de
choses.

Par l'exposé qui précède, on peut voir quelle solidité devaient avoir les transactions dans les pays de nantissements. La nécessité de rendre publiques la constitution de tous les droits réels immobiliers, l'obligation d'inscrire les hypothèques tacites et l'inexistence, de l'hypothèque judiciaire contribuaient beaucoup à assurer le bon état du crédit, d'autant plus qu'à la pratique d'un régime de publicité en harmonie avec les besoins de l'époque, on joignait la règle de la spécialité.

On reconnut de bonne heure les bons effets de ce système ; on voit en effet, au XVe siècle, à une époque où, dans la plus grande partie de la France, l'ensaisinement était déjà devenu facultatif, des lettres patentes du roi Charles VI, ordonner qu'on en revînt à la pratique du nantissement dans la ville, prévosté et vicomté de Paris. La plupart des immeubles y étaient grevés de nombreuses charges occultes, qui avaient causé bien des ruines et étaient une source abondante de procès. « Pour eschever lesdictes ruynes et procès, disent les lettres patentes, et pour qu'en temps à venir chacun puisse avoir certaineté et cognoissance desd. charges et hypothèques, ... dorénavant *nantissement aura lieu ès dicte ville....*, *et ypothèques ne pourront y être constituées valablement, ni produiront aucun effet sinon du jour et date que y celui nantissement aura été fait* » (1).

— A côté du nantissement, il y avait dans l'ancien droit français d'autres moyens de pnblicité.

En Bretagne, il y avait l'*appropriance*, qui servait à procurer aux acquéreurs le moyen d'obtenir un droit de propriété indiscutable, exempt de toute menace d'éviction (2). C'était plutôt un mode de purge des hypothèques,

(1) Jourdan Decrusy et Isambert. Lettres patentes du 27 mai 1424. Tome VIII, p. 693.

(2) V. Cout. de Bretagne, art. 269, 270 et 273.

qu'un moyen de publicité, aussi ne nous y arrêterons-nous pas plus longtemps. L'appropriance n'avait pas pour résultat de conserver les droits réels pour l'avenir, elle ne faisait que les consolider au point de vue du passé.

Dans quelques coutumes (Sens, Chartres, Dreux, Bar, Auxerre) on plaçait quelquefois sur les immeubles des marques publiques analogues aux ὅροι de la Grèce. C'était des *brandons*, sorte de pieux fichés en terre, au bout desquels on attachait un morceau d'étoffe ou un tortis de paille. Mais ces marques n'étaient pas destinées à rendre publiques les hypothèques ; elles signifiaient seulement que l'héritage sur lequel elles étaient apposées, avait été l'objet d'une saisie, « afin que nul ne l'achète du propriétaire qui en était dépossédé, et que si quelqu'un y prétend quelque droit de seigneurie ou d'hypothèque, qu'il vienne le débattre en justice » (1).

SECTION III. — Des diverses tentatives faites pour introduire un mode de publicité des hypothèques. — Les édits.

La clandestinité des hypothèques s'était étendue à la plus grande partie de la France, grâce à l'influence des légistes qui préféraient aller chercher leurs inspirations dans les théories romaines plutôt que dans les traditions du droit national. Les nombreux inconvénients de cette pratique furent tels que la plupart des hommes d'affaires désirèrent une réforme ; on tenta plusieurs fois de l'introduire, mais ce fut vainement : la clandestinité des hypothèques resta la règle en France jusqu'à la Révolution.

§ 1. — *L'insinuation et le contrôle.*

En 1553, dans un édit du mois de mai, Henri III essaya

____

(1) Loyseau, op. cit. III, ch. 1, n°s 24 et 31. — Basnage, ch. 1.

d'étendre aux autres actes le système de publicité adopté pour les donations depuis 1539 (1). « De nombreuses calomnies, fraudes et procès, dit le préambule de l'édit, sourdent et procèdent des *secrets contrats, hypothèques* .... et autres dispositions secrètement faites.... » (2). Pour remédier à ce fâcheux état de choses, il fut décidé que « par quelque contrat que ce soit, de vendition.... et de toutes autres obligations excédant 50 livres, *ne pourrait être acquise* aucune seigneurie, propriété, ni *droit d'hypothèque et réalité, s'ils ne sont insinués et enregistrés....* » (3).

L'insinuation devait avoir lieu au greffe de la justice dans le ressort de laquelle le bien était situé, et les contrats qui avaient été soumis à cette formalité étaient préférés aux autres. Les parties avaient un délai de deux mois pour faire insinuer leur contrat ; si l'insinuation avait eu lieu dans ce délai, le droit de propriété ou d'hypothèque était regardé comme opposable à tous dès le jour du contrat. Cette rétroactivité présentait le grave danger de favoriser la fraude d'un vendeur ou d'un emprunteur de mauvaise foi, qui, jusqu'à l'insinuation pouvait tromper les tiers en consentant à leur profit des droits que l'insinuation devait faire tomber.

L'art. 12 de l'édit de 1553 oblige les greffiers à communiquer leurs registres à tous les réquérants et à en délivrer des extraits. Ainsi organisée, la publicité résultant des registres de l'insinuation, aurait pu être suffisante et satisfaire aux besoins du crédit à cette époque. Malheureusement, la plupart des parlements opposèrent à cet

(1) Jourdan, Decrusy et Isambert. Tome XII, p. 627 (art. 132 de l'édit d'août 1539).

(2) Id. Édit. de mai 1553. Tome XIII, p. 313.

(3) Id. Art. 1 de l'éd. de 1553, p. 315.

édit la plus vive résistance, et les utiles prescriptions
qu'il renfermait restèrent à l'état de lettre-morte. Il est
vrai de dire que la protection à accorder aux tiers n'avait
été qu'un prétexte dans l'esprit des rédacteurs de l'édit,
et que le véritable motif qui les avait fait agir, était d'augmenter les ressources financières de l'État (1).

Dans la suite, les textes relatifs à la formalité de l'insinuation furent très nombreux ; tous revêtent le même
caractère fiscal, et c'est à peine si on y voit encore
invoquer le prétexte de l'intérêt des tiers ; aucun d'eux
ne s'occupe plus des constitutions d'hypothèques. Mais
quand bien même les constitutions d'hypothèques auraient
été soumises à la formalité de l'insinuation, on ne peut
dire qu'il en serait résulté une publicité suffisante pour
la garantie des tiers. La nécessité d'insinuer les contrats
n'était en effet requise à peine de nullité que pour les
donations (2): le contrat non insinué n'en était pas moins
valable et opposable aux tiers ; l'inaccomplissement de la
formalité entraînait seulement une amende égale au
triple droit et empêchait de produire l'acte en justice.
Cette sanction était-elle suffisante pour forcer les parties
à soumettre leurs contrats à l'enregistrement au greffe
des insinuations ? Il peut être permis d'en douter, quand
on observe le nombre de fois considérable où le législateur
a dû intervenir pour déterminer la matière de l'insinuation.

— A côté de l'insinuation, avait été organisée une autre
institution, ancêtre de notre formalité de l'enregistrement:
c'était le *Contrôle des actes.*

Le contrôle était destiné, non pas à assurer la publicité

(1) A cet effet, l'édit créait des offices de greffiers des insinuations,
dont le prix devait être versé dans le Trésor royal. V. Jourdan, XIII,
p. 318.

(2) C'était là sans doute un souvenir du droit romain.

des actes qui y étaient soumis, mais à faire cesser l'abus des antidates. Comme l'insinuation il avait un but fiscal (1). Le préambule de l'édit de juin 1581, pourrait faire croire qu'il a été établi dans le but de protéger les acheteurs contre les risques des contrats de vente, mais un peu plus loin il nous apprend que « les seigneurs et le roi ont intérêt à ce que les contrats de vendition,…, etc, ne soient pas secrètement passés, pour ne pas perdre leurs droits et profits de fiefs, quint et requint, et autres devoirs seigneuriaux. »

Tous les contrats devaient être contrôlés, mais sans intérêt pour les tiers, car à la différence des registres des insinuations, les registres du contrôle n'étaient pas publics ; l'art. 8 de l'ordonnance de 1581 n'autorise le « contrerolleur des titres à communiquer ses registres qu'à ceux qui y auront intérêt ou autres, ainsi que par justice sera ordonné et non autrement. »

L'édit de 1581 fut rapporté quelques années plus tard, en 1588, tant fut grande l'opposition qui lui fut faite. Henri IV fit en 1606 une nouvelle tentative pour introduire le contrôle, mais son édit ne fut enregistré que par le Parlement de Normandie. Il était pourtant bien loin de réaliser le vœu de Sully, qui aurait voulu « qu'aucune personne, de quelque qualité et condition qu'elle put être, n'eut pu emprunter une somme censée considérable par rapport à ses facultés, ni aucun autre la lui prêter, sans qu'il fut déclaré en même temps dans les contrats et obligations, quelles dettes pouvait déjà avoir l'emprunteur, à quelles personnes et sur quels biens. » (2).

Le contrôle était bien loin de réaliser ce désir ; aussi les effets qui en résultèrent ne furent pas ceux qu'on en attendait. « Pour nos contrôles, dit Basnage, ils donnent

(1) Id. Tome XIV, p. 493, édit de juin 1581, art. 7.
Mémoires de Sully. Livre XXVI, tome V, p. 253 (Paris 1827).

peu d'éclaircissement et de sûreté, par cette raison que les contrats pouvant être contrôlés au lieu où ils ont été passés, ou bien au lieu de la situation des biens, on ne peut pas découvrir tous les contrats qu'une personne peut avoir passés en des lieux inconnus. » (1).

Malgré cela, la formalité du contrôle fut étendue à toute la France par un édit de Louis XIV de mars 1693, (2) aux termes duquel les actes non contrôlés « ne pouvaient faire foi en justice ni emporter hypothèque ou transfert de propriété ». (Art. 5). Ici encore le but visé était exclusivement fiscal ; ce qui le prouve bien, c'est que dans la suite des déclarations royales exemptèrent de cette formalité, ou plutôt de cet impôt, des provinces tout entières, comme le Hainaut, l'Alsace, la Flandre et l'Artois, et les actes passés par les notaires de Paris et de Lyon, qui avaient versé une certaine somme dans le Trésor royal, (3).

Bien que le contrôle n'ait pas été à proprement parler une formalité introduite pour rendre publiques les hypothèques, il méritait cependant d'arrêter notre attention dans cette étude. Cette formalité ajoutée à la constitution de l'hypothèque par devant le notaire, outre qu'elle rendait impossible la fraude des antidates, contribuait certainement à augmenter la notoriété de l'acte ; il en résultait une sorte de publicité imparfaite qui pouvait prévenir certaines fraudes de la part des débiteurs de mauvaise foi, en les faisant hésiter avant de commettre un stellionat dont on trouverait facilement la preuve. De plus, beaucoup d'anciens auteurs avaient considéré le contrôle comme un moyen tenté pour remédier aux

(1) Basnage. *Tr. des hypothèques*. Ch. I, page 3 (éd. in-4).

(2) Jourdan, Decrusy et Isambert, Tome XX, p. 174.

(3) Déclarations du 22 avril 1694 et sept. 1722. — Répert. de Merlin V° Contrôle.

dangers de la clandestinité des hypothèques (1). Le remède était malheureusement inefficace, on l'a vu.

§ 2. — *Édit de Colbert.*

Colbert a l'honneur d'avoir essayé d'introduire dans notre législation la publicité hypothécaire. Il était impossible aux tiers de se renseigner sur l'existence des hypothèques qui grevaient un immeuble, et d'autre part, le débiteur dont les biens étaient suffisants pour lui procurer un certain crédit, ne disposait d'aucun moyen pour prouver sa solvabilité. C'est à faire disparaître ces inconvénients que travailla Colbert.

Dans ce but, un édit fut rendu au mois de mars 1673, étendant à toute la France la pratique des coutumes de nantissement (2). Cet édit établit des greffes d'enregistrement, dans lesquels les créanciers hypothécaires devaient faire enregistrer « leurs oppositions » ; c'est ainsi qu'on appelait la formalité qu'on désigne aujourd'hui par le mot inscription. Les créanciers qui avaient accompli cette formalité devaient être préférés. Par ce moyen, les créanciers et les acquéreurs pouvaient contracter avec une entière sécurité.

Les oppositions devaient être enregistrées aux greffes créés dans ce but au siège de chaque bailliage ou sénéchaussée. Un registre spécial était tenu par le greffier, et les créanciers « prétendant hypothèque ou privilège en vertu de quelque titre que ce fut, contrats, sentences ou jugements », devaient y faire inscrire leur droit, s'ils voulaient en assurer la conservation. Faute par eux

---

(1) Basnage op. cit. ch. I, p. 3. — Loyseau, op. cit. liv. III, ch. VII, n° 36.

(2) Jourdan, Decrusy et Isambert, tome XIX, pages 73 et 74 (préambule de l'édit).

d'avoir satisfait à cette formalité, ils couraient le risque de se voir préférer des créanciers postérieurs, au profit de qui une inscription avait été prise. (Art. 20). On retrouve donc ici, la règle pratiquée dans les pays de nantissement, à savoir que l'hypothèque n'a d'existence à l'égard des tiers que si elle a été rendue publique.

Il y avait pourtant une différence entre la règle posée par l'édit de 1673 et la règle en usage dans les coutumes de nantissement. Aux termes de l'art. 27 de l'édit, le créancier qui faisait enregistrer son opposition dans les quatre mois qui suivaient la date de l'acte constitutif d'hypothèque, était considéré à l'égard de tous comme ayant fait enregistrer son droit le jour même du contrat ; l'opposition enregistrée dans les quatre mois rétroagissait à la date du contrat hypothécaire. Dans les pays de nantissement au contraire, le droit du créancier n'existait à l'égard des tiers qu'à partir de l'accomplissement des formalités de vest et de devest. C'était là une mesure excellente, qui permettait d'éviter les dangers de la rétroactivité ; cette mesure empêchait les tiers créanciers ou acquéreurs, qui s'étaient entourés de tous les renseignements possibles, d'être lésés par la survenance de droits inconnus, qu'un enregistrement pouvait faire surgir pendant un délai assez long (1).

On a fait remarquer aussi que l'édit de Colbert dispensait de l'enregistrement pour la conservation de leurs droits, les mineurs, les femmes mariées et les seigneurs féodaux ou censiers (à l'égard des biens situés dans leur

(1) Cet inconvénient n'a pas échappé à Bigot-Préameneu, qui dans son rapport au Conseil d'État dit que « la publicité ne procurait pas aux créanciers la sûreté promise, puisque, dans le délai de 4 mois donné pour inscrire les hypothèques sur le registre, on pouvait y porter des hypothèques antérieures et que le dernier prêteur ignorait ». V. Locré, XVI, p. 116.

mouvance). C'était là encore une source d'évictions pour les tiers, mais il faut dire à l'avantage de l'édit de 1673. qu'il avait limité la durée de la dispense de publicité. Ainsi. les mineurs et les femmes mariées devaient faire enregistrer leurs oppositions dans l'année qui suivait leur majorité pour les uns ; dans l'année du décès de leur mari ou dans les quatre mois du jugement de séparation de corps pour les autres. sinon leur hypothèque perdait son rang et ne comptait plus que du jour de l'enregistrement. Cette critique n'est donc pas très fondée, surtout lorsqu'on remarque que le code civil n'a même pas reproduit cette règle et qu'il a fallu attendre la loi du 23 mars 1855 pour qu'elle soit introduite dans nos lois.

Pour établir d'une façon efficace la publicité des hypothèques, l'édit de Colbert ordonnait aux greffiers de délivrer à ceux qui les en requerraient, des extraits des enregistrements qui seraient sur leurs registres, ou des certificats qu'il n'y en a aucun (1) ». Les Greffiers étaient déclarés responsables de la vérité de leurs certificats.

Cet édit réalisait donc le système de la publicité des hypothèques, dans des conditions très favorables au crédit. S'il prête à quelques critiques de détail. il n'en est pas moins, dans son ensemble, une œuvre « sagement réformatrice qui témoigne du grand sens pratique de son auteur, partagé entre le désir de barrer la route à la fraude et le souci très louable d'accorder aux usages et aux préjugés de son temps les ménagements nécessaires (2) ». Une telle réforme ne pouvait avoir lieu sans transition, et pour la faire adopter, il était nécessaire de

(1) Loc. cit. art. 73, p. 81.

(2) Besson, *Les livres fonciers et la réforme hypothécaire*, p. 81.

ne pas brusquer les choses, et de procéder avec une certaine modération.

Malgré cela, malgré son utilité considérable, l'édit de 1673 n'eut qu'une durée éphémère, et en avril 1674, il fut rapporté. « Quoique nos sujets pussent recevoir de très grands avantages de son exécution, dit l'édit révocatoire, il arrive que les réglements les plus utiles ont leurs difficultés dans leurs premiers établissements, et qu'il s'en rencontre dans celui-ci qui ne peuvent être surmontées dans un temps où nous sommes obligés de donner nos applications principales aux affaires de la guerre, nous avons résolu de le révoquer » (1). Est-ce bien là le véritable motif qui a fait révoquer l'édit de 1673 ? Certes, on ne peut douter que la France était alors aux prises avec de grandes difficultés extérieures, mais était-ce une raison pour méconnaître l'urgence d'une réforme destinée à favoriser, à l'intérieur, le développement du crédit et la solidité des transactions ? L'édit de 1673 avait jeté la lumière sur la situation de beaucoup de patrimoines. et cette lumière était importune pour les yeux de ceux qui, à la faveur des ténèbres, jouissaient d'un crédit immérité ; si l'on en croit l'illustre Colbert, « le Parlement n'eut garde de souffrir un si bel établissement, qui eut coupé la tête à l'hydre des procès dont il tire toute sa substance. Il remontra que la fortune des plus grands de la cour s'allait anéantir par là, et qu'ayant, pour la plupart, plus de dettes que de biens, ils ne trouveraient plus de ressources dès que leurs affaires seraient découvertes. Ayant su, sous ce prétexte, engager tant de gens considérables dans leurs intérêts, ils cabalèrent si bien qu'il fut sursis à l'édit qui en avait été donné » (1). Le

(1) Jourdan, Decrusy, Isambert, XIX, p. 123.

(2) *Testament politique de Colbert*, chap. XII, p. 551, édit. de 1694 (La Haye).

motif de la révocation de l'édit de 1673 réside donc dans l'opposition que lui firent les nobles et les parlements. On ne pouvait assurément pas se baser sur l'expérience qui en avait été faite, car ainsi que l'a dit le chancelier d'Aguesseau, adversaire résolu de la publicité, « le législateur voulut qu'elle mourut dès le premier jour de sa vie » (1). Il est certain, en effet, que si l'expérience avait duré quelques années, on aurait vu que la publicité des hypothèques était « le seul moyen d'empêcher que personne ne fut trompé », parce qu'on aurait pu facilement « constater les dettes de chaque particulier, tellement qu'on aurait su à point nommé, s'il y avait sûreté à lui prêter l'argent qu'il demandait », et que ceux dont le patrimoine n'était pas obéré auraient pu « trouver du secours dans leurs nécessités » (2). Ces observations, tombées de la plume parfois aigrie du grand ministre de Louis XIV, montrent mieux que nous ne saurions le faire, combien il est regrettable que cet édit ait été rapporté.

§ 3. — *Décret volontaire et lettres de ratification.*

S'il fut toujours impossible pour les *créanciers* de l'ancien droit d'arriver à connaître la situation hypothécaire d'un immeuble, il n'en fut pas de même pour les *acquéreurs*. Souvent, après qu'une aliénation avait été faite, surgissaient des créanciers hypothécaires, dont le droit était resté inconnu de l'acheteur; il leur suffisait d'exercer contre celui-ci le droit de suite attaché à leur hypothèque pour lui faire subir une éviction (3). Il n'y avait

(1) D'Aguesseau, éd. Pardessus, tome IX, p. 729.

(2) *Test. de Colbert*, ibid.

(3) Loyseau, *Tr. du déguerpissement*, liv. III, chap. I, n° 16.

qu'une façon de remédier efficacement à ces inconvénients, c'était d'organiser franchement la publicité hypothécaire. On ne le fit pas, et on se contenta d'organiser un mode de purge assez grossier par le moyen du *décret volontaire*.

Cette procédure, qni paraît avoir été imitée de la procédure romaine de la *subhastation*, était très longue et très coûteuse ; aussi, malgré les avantages qu'elle pouvait présenter, elle était rarement employée. Elle consistait à remplir les formalités exigées pour les ventes par décret forcé, qui avaient l'avantage de purger les immeubles ainsi vendus de toutes les hypothèques qui les grevaient antérieurement.

La longueur de cette procédure et les frais excessifs qu'elle comportait, la firent remplacer par les *lettres de ratification*, en vertu d'un édit de juin 1771, que Basnage trouvait à peu près semblable à celui de 1673 (1).

Dans ce système, l'acquéreur devait déposer le contrat d'acquisition au greffe du bailliage ou de la sénéchaussée de la situation des biens. Un extrait du contrat était affiché pendant deux mois dans l'auditoire du tribunal, afin d'avertir les créanciers de la vente de leur gage, et de les mettre en demeure de former leurs oppositions. Si les créanciers faisaient opposition à la vente, ils conservaient l'intégrité de leurs droits ; sinon, ils étaient censés avoir abandonné leur gage. Les oppositions étaient inscrites par ordre de date sur un registre en papier timbré, tenu par le conservateur qui devait en délivrer des extraits à toute réquisition. Après l'expiration du délai de deux mois, les lettres de ratification étaient rédigées par le conservateur et présentées par ses soins à la chancellerie du tribunal de la situation des biens ; si

(1) Erreur grossière qu'il est à peine besoin de relever. — Basnage, *Tr. des hypothèques*, chap. I. p. 3, éd. in-4°.

des oppositions s'étaient produites, les lettres étaient scellées à la charge de ces oppositions, et un ordre était ouvert pour la distribution du prix. — A la différence de l'appropriance, les lettres de ratification ne procuraient pas à l'acquéreur un titre exempt de toute menace d'éviction; l'acquéreur n'avait que les droits de son auteur (1).

Le système de l'édit de 1771 était certainement préférable à celui qui le précédait, la nouvelle procédure était relativement moins longue et moins dispendieuse. Mais s'il sauvegardait assez efficacement les intérêts des tiers acquéreurs, il faut reconnaître qu'à la différence de l'édit de 1673, il ne réalisait pas la publicité des hypothèques, et que les tiers créanciers restaient sans protection. Après comme avant cet édit, les acquéreurs et les prêteurs de deniers n'avaient aucun moyen de se renseigner sur l'état hypothécaire de l'immeuble qu'ils voulaient acheter ou qui leur était offert en garantie. Après comme avant cet édit, le rang des créanciers hypothécaires était fixé non pas par la date de leurs oppositions au bureau du conservateur, mais par la date de la créance, car l'opposition rétroagissait jusqu'au jour du contrat constitutif d'hypothèque.

— Les divers moyens tentés en vue d'établir la publicité des hypothèques, sont donc restés infructueux. L'opposition que leur firent des jurisconsultes de bonne foi, adversaires acharnés de la publicité qu'ils regardaient comme « souverainement injuste, » y contribua beaucoup (2). Le chancelier d'Aguesseau était de ceux-là. Nourri des principes du droit romain, il considérait que « rien n'était plus contraire au bien et à l'avantage des

(1) Merlin. *Répert.*, Vᵒ Hypothèques, sect. I, § 13, Nᵒ 12.
(2) *Œuvres de d'Aguesseau, éd. Pardessus*, tome X, p. 33.

familles que de faire trop connaître l'état et la situation
de fortune des particuliers; que c'est ôter aux hommes
leurs dernières richesses que de leur arracher cette répu-
tation qui leur tient souvent lieu de biens, lors même
qu'ils ont tout perdu (1). » L'avis de d'Aguesseau dut peser
d'un grand poids sur le retrait de l'édit de Colbert.

Pour remédier aux dangers de la clandestinité,
Basnage qui ne savait pas reconnaître l'utilité du nantissement, proposait d'en revenir aux principes du droit
romain, d'après lequel était réputé stellionataire celui qui
n'avait pas déclaré en contractant les hypothèques qui
grevaient son bien. L'ancien droit français, en effet, ne
punissait des peines du stellionat, que celui qui avait
faussement déclaré que son bien n'était pas hypothéqué.

A la fin de l'ancien régime, la clandestinité des
hypothèques était donc le droit commun de la France.
L'édit de 1771 avait été déclaré applicable à tout le pays;
son article 31 avait même « abrogé l'usage des saisine et
nantissement pour acquérir hypothèque et préférence. »
Ce qui fut confirmé par une déclaration du roi du
23 juin 1772; mais les formalités du nantissement
subsistèrent dans les provinces de Belgique, même pour
les constitutions d'hypothèque. Le conseil d'Artois et le
parlement de Flandres, fidèles aux traditions d'indépendance de leurs provinces, refusèrent d'enregistrer l'édit,
et la publicité des hypothèques « le chef d'œuvre de la
sagesse, l'appui et la sûreté des propriétés », demeura en
vigueur dans la Flandre et dans l'Artois.

(2) *Œuvres de d'Aguesseau*, tome IX, .p. 279 et suiv., Projet
d'établissement de conservateur des hypothèques.

CHAPITRE III.

LA PUBLICITÉ DES HYPOTHÈQUES SOUS LA PÉRIODE RÉVOLUTIONNAIRE.

Les motifs sur lesquels étaient fondées les formalités du nantissement disparurent dans la tourmente révolutionnaire, où avaient sombré tous les débris de la féodalité et toutes les institutions qui, de près ou de loin, en rappelaient le souvenir. Mais, comme on ne voulait pas supprimer la pratique de la publicité, usitée depuis si longtemps dans les pays du Nord, l'Assemblée constituante, qui ne pouvait pas, du jour au lendemain, s'appliquer à une réforme générale du régime hypothécaire, prit des mesures locales et transitoires, destinées à accommoder l'ancien état de choses avec la suppression du régime féodal et la nouvelle organisation judiciaire.

Un décret des 17, 19 et 20 septembre 1790 décida que « à compter du jour où les tribunaux de district seraient installés dans les pays de nantissement, les formalités de saisine dessaisine, vest devest...., etc., et généralement toutes celles qui tiennent au nantissement féodal ou censuel *seraient et demeureraient abolies* ; et que jusqu'à ce qu'il en ait été autrement ordonné, la *transcription* des grosses des contrats d'aliénation ou d'hypothèque en tiendrait lieu, et suffirait en conséquence pour consommer les aliénations et les constitutions d'hypothèque, sans préjudice de l'exécution de l'art. 35 de l'édit du mois de juin 1771 et de la déclaration du 23 juin 1772, dans ceux des pays de nantissement où ces lois ont été publiées. » (art. 3).

Ce même décret chargeait les greffiers des tribunaux de district de la situation des biens, de faire les transcriptions « dans l'ordre où les grosses des contrats leur seraient présentées » et leur prescrivait de communiquer leurs registres sans frais à tous réquérants (art. 4 et 5.)

Les formalités du nantissement étaient donc remplacées par la transcription, qui allait ainsi jouer le même rôle qu'elles. L'ensaisinement ne sera plus désormais opéré par le seigneur dominant, mais par l'Etat, qui aura délégué à cet effet un de ses fonctionnaires. La transcription de 1790 produisait à la fois les effets de l'inscription et de la transcription actuelles, car elle était nécessaire pour rendre publics, et les transferts de propriété, et les constitutions d'hypothèque.

Bien plus, cette transcription fut considérée comme une forme essentielle des constitutions d'hypothèque, et après l'abrogation du décret de 1790 par la loi de brumaire, il fut nécessaire de transcrire les titres constitutifs d'hypothèques consenties sous le régime ancien, avant d'en opérer l'inscription (1). Cela résulte de trois arrêts de la cour de cassation, l'un du 4 thermidor an 12, et les autres du 28 décembre 1808 et du 17 mai 1810. La formalité de la transcription, appelée à remplir le rôle des saisine et dessaisine, prit le nom général de *réalisation du contrat*.

La loi de 1790 n'étendit son application que dans les

____

(1) Grenier. *Traité des hypothèques*, tome I, n° 132. — La transcription de 1790 se rapprochait ainsi du mode de publicité usité dans les pays germaniques, où la transcription a pour effet, non seulement de rendre le contrat opposable aux tiers, mais de le former définitivement entre les parties contractantes.

pays de nantissement, où l'édit de 1771 sur les lettres de ratification n'avait pas reçu son exécution. Il fallut aussi accommoder la législation des autres pays avec le nouvel état de choses. C'est ce qui fut fait par le décret du 21 janvier 1793, qui décida que les registres existant dans les chancelleries supprimées, seraient remis aux chancelleries des tribunaux de district correspondantes.

Les lois dont nous venons de parler étaient purement transitoires, et faites dans le but d'attendre l'élaboration du Code promis par l'Assemblée constituante. Celle-ci dut se séparer avant d'avoir pu aborder la question. Elle renvoya à l'Assemblée législative l'examen des projets de réforme hypothécaire dont on l'avait saisie. L'Assemblée législative nomma une commission chargée d'accomplir ce travail, un rapport fut rédigé, mais les conclusions n'en furent jamais discutées.

C'est la Convention qui, dans une loi célèbre portant la date du **9 messidor an III**, posa les bases d'un nouveau régime hypothécaire.

Le décret du 9 messidor an III est une œuvre hardie et originale, qui contient des réformes heureuses et aussi des dispositions qu'on a longtemps considérées comme dangereuses, mais que certains jurisconsultes tendent à préconiser aujourd'hui. Parmi ces dispositions la plus curieuse consiste dans la création des *cédules hypothécaires,* qui constituaient ce que le législateur appelait l'hypothèque sur soi-même. Les cédules hypothécaires étaient destinées à augmenter le numéraire en circulation, tout comme les assignats; elles réalisaient pratiquement ce qu'on entend par mobilisation du sol (1). Ces titres, transmissibles par voie d'endossement permet-

(1) V. Rondel : *La mobilisation du sol en France*, p. 95. Paris, 1888. — Challamel. *Etude sur les cédules hypothécaires.* Handfesten, Bons fonciers, p. 19. Paris 1878.

taient aux propriétaires de tirer des ressources de leurs biens immeubles. Nous ne discuterons pas sur l'opportunité ou sur la non opportunité de cette innovation, nous ferons seulement remarquer que les circonstances étaient peu propices pour la réussite de ce système ; à cette époque, en effet, les assignats étaient déjà fort dépréciés et avaient perdu 95 pour 100 de leur valeur. Cela permet d'expliquer les hésitations apportées par le législateur à la mise en vigueur de cette loi, qui contenait toutefois au point de vue spécial qui nous occupe, des dispositions très dignes de retenir notre attention.

C'est qu'en effet la nouvelle loi établit la publicité des hypothèques. « Il n'y a d'hypothèques, disait l'article 3, que celles résultant d'actes authentiques *inscrits dans des registres publics ouverts à tous les citoyens* ». Comme conséquence de ce principe, elle n'admettait plus que l'hypothèque volontaire, résultant des conventions, et l'hypothèque judiciaire ; elle supprimait toutes les hypothèques tacites de l'Ancien droit.

Les obligations contractées par acte authentique emportaient à partir de l'inscription, de plein droit et sans qu'il soit besoin d'une stipulation formelle, « une hypothèque générale sur tous les biens présents et à venir des obligés et condamnés, et sur ceux de leurs héritiers ». (Art. 19). Cette disposition était désastreuse au point de vue du crédit ; il pouvait arriver que la valeur des biens affectés à la garantie de la créance soit infiniment plus élevée que le taux de celle-ci, ou que le débiteur fasse l'acquisition de nouveaux biens inutiles pour la conservation de la créance. Dans ce cas le débiteur avait le droit de faire restreindre l'inscription.

La loi de messidor permettait aux créanciers « de faire inscrire leur titre partout où ils le jugeraient convenable, même dans les arrondissements où leur débiteur n'avait aucune propriété territoriale » (Art. 25). L'inscription prise dans un arrondissement frappait tous les biens du débiteur situés dans cet arrondissement.

Ces règles mettaient en péril le principe de la publicité hypothécaire, car la spécialité quant au gage en est le complément indispensable.

Aux termes de l'art. 22 du décret de messidor, l'inscription prise dans le mois de l'acte constitutif produisait le même effet que si elle avait été prise le jour de l'acte d'obligation ou du jugement. Cet effet rétroactif de l'inscription, qu'on trouvait dans tous les édits de l'Ancien droit, pouvait avoir des conséquences fâcheuses pour les tiers, qui, ignorant légitimement l'acte non encore inscrit, couraient le risque de se voir évincer (1).

La publicité hypothécaire était organisée dans les bureaux des conservateurs. Il y avait dans chaque arrondissement un conservateur des hypothèques responsable et au sommet de la hiérarchie un conservateur général chargé de surveiller ses subordonnés et de pourvoir aux vacances. Les articles 20 et 21 réglaient les formalités de l'inscription : le créancier devait fournir au conservateur, en double expédition sur papier timbré, l'extrait contenant le bordereau de sa créance. Les registres contenant les inscriptions hypothécaires pouvaient être directement consultés par les requérants (2).

____

(1) Le seul moyen d'éviter l'inconvénient de la rétroactivité, était de convenir que les deniers ne seraient versés qu'après le mois écoulé.

(2) Il n'en était pas ainsi pour les déclarations foncières dont nous allons parler, ni pour les actes translatifs de propriété. Au lieu d'être consultés directement par les intéressés, les registres contenant ces documents étaient à la seule disposition du conservateur, qui devait à toute réquisition en délivrer des extraits certifiés. Les énonciations qu'ils contenaient étaient cependant résumées sur le *livre de raison*, qui était à la disposition de tous.

Quoi qu'il en soit des critiques que nous avons faites, le code hyptohécaire de la Convention a le grand mérite d'avoir rompu avec la tradition, et d'avoir inscrit en tête de son œuvre, le principe de la publicité hypothécaire, le seul capable de vivifier le crédit. Malgré les défauts qu'il contenait, le code de messidor avait donné à la règle de la publicité une assez bonne organisation, car elle trouvait dans la pratique des déclarations foncières et dans les dispositions des articles 92 à 96 de précieux auxiliaires.

La *déclaration foncière* des biens était organisée par une loi portant la même date que la loi dont nous venons de parler. En vertu de cette loi, « tout créancier hypothécaire inscrit avait le droit d'exiger de son débiteur, propriétaire de biens territoriaux, la preuve qu'il a fait et déposé séparément pour chaque commune la déclaration foncière de ceux situés dans l'arrondissement du bureau où l'inscription a eu lieu. » (Art. 32). Faute par le débiteur de justifier de ce dépôt dans le mois de la sommation qui lui était faite par le créancier, la dette devenait de plein droit exigible.

Dans la déclaration foncière, le propriétaire devait certifier par écrit signé de lui ou de son mandataire spécial, sa qualité de propriétaire et l'évaluation de ses biens, « tant en revenu net annuel qu'en capital ou prix vénal. » La déclaration foncière devait contenir aussi, aux termes de l'art. 15 (2ᵉ loi), « la description de chacun des biens, en situation, nature, genre d'exploitation et destination, superficie et limite par aspects solaires ; — l'origine de propriété de chacun des biens déclarés, avec la date du titre d'où elle résulte, en remontant jusqu'à la déclaration foncière précédente ; — le prix d'acquisition des biens déclarés. » Cette attestation était rédigée en triple exemplaire, lesquels étaient légalisés par un notaire et présentés au conservateur. Un des exemplaires était retenu par le conservateur qui mentionnait sur les deux autres l'accomplissement de la formalité ; un autre était déposé au greffe de la commune de la situation des biens, et le troisième sur lequel on avait mentionné ce dépôt, était rendu au propriétaire qui le conservait. La véracité des déclarations était garantie par une amende proportionnelle à la valeur du bien, prononcée contre celui qui usurpait la qualité de propriétaire.

Le procédé de déclarations foncières concourait à augmenter les bienfaits de la publicité hypothécaire. La déclaration indiquait aux créanciers quelle était exactement l'étendue du patrimoine immobilier de leur débiteur ; elle en fixait la valeur et la situation matérielle, et permettait aux créanciers de voir dans quelle proportion ils pouvaient avec sécurité prêter à leur débiteur. De son côté, celui-ci en tirait également avantage, car la déclaration qu'il faisait, avait le mérite de bien montrer l'étendue de son crédit.

Au regard des tiers, créanciers hypothécaires, le propriétaire désigné comme tel dans la déclaration foncière déposée au bureau du conservateur des hypothèques est le véritable propriétaire. Le créancier hypothécaire, qui se basant sur cette déclaration avait accepté de prêter des deniers à un débiteur, était assuré contre les menaces d'éviction dirigées contre celui-ci, et avait à l'égard de l'évinçant un droit irrécusable. Cela résulte des dispositions contenues dans les articles 92 à 96 de la loi de messidor an III.

Il dérivait, en effet, de ces articles, qu'aucune action en revendication ne pouvait être intentée sans qu'elle ait été notifiée au conservateur, qui devait l'inscrire sur son registre ; l'éviction prononcée ne causait aucun préjudice au créancier dont l'hypothèque avait été inscrite antérieu-

rement à la notification. « Les hypothèques inscrites, dit
la loi, ont leur pleine et entière exécution sur la chose
hypothéquée, sauf le recours du propriétaire contre celui
qui a consenti l'hypothèque. » (Art. 95).

La publicité hypothécaire, telle qu'elle était organisée
par la loi de messidor, se rapproche par plusieurs points
des principes du système germanique. D'abord les déclarations foncières, rappellent les livres fonciers d'outre
Rhin, c'est une « ébauche de la publicité réelle » qui en
découle. D'autre part, on peut voir dans les dispositions
contenues dans les articles 92 à 96, qui assurent à l'hypothèque inscrite une efficacité complète, même à l'encontre
d'une revendication victorieuse, une manifestation du
principe germanique de la *force probante* accordée aux
énonciations des registres publics (1). Nous aurons à
revenir plus tard sur ces différents points.

Les appréciations dont a été l'objet le décret de messidor
ont été très diverses. Certaines de ses dispositions qui
furent le plus critiquées, sont aujourd'hui un objet d'envie
pour quelques jurisconsultes, tandis que d'autres pré-
tendent que son application aurait présenté des difficultés
insurmontables, et que cette législation était anti-sociale
et contraire au bon sens (2). Pour nous, nous nous
rangerons à l'avis de M. Cauwès, qui appréciant avec sa
grande autorité la loi du 9 messidor an III, la trouve
« ingénieuse », et regrette qu'elle n'ait pas été soumise
à « l'épreuve de l'expérience » (3).

La loi de messidor devait être mise en vigueur le

(1) Besson, op. cit., p. 92. — Rondel, op. cit., p. 128. — Enfin
les cédules hypothécaires ont une graude ressemblance avec les
lettres de gage de l'Allemagne ou *Grundschuld brief*.

(2) *Documents relatifs au régime hypothécaire*, publiés par
ordre de Martin du Nord. Introduction p. XIX, tome I, p. 500, etc.

(3) Cauwès, *Précis d'économie politique*, n° 679, tome I.

1er nivôse an IV. c'est-à-dire. six mois après qu'elle fut votée. « On voulait permettre au public d'apprécier cette nouvelle législation qui apportait des réformes si radicales dans l'organisation de la propriété foncière » (1). Il fallait évidemment un certain temps pour la faire connaître. mais le délai fixé par la loi de messidor fut jugé insuffisant. Une loi du 26 frimaire an IV, prorogea la date. primitivement fixée. jusqu'au 1er germinal suivant ; une autre loi du 19 ventôse an IV, jusqu'au 1er messidor an V ; une autre, du 19 prairial an IV. jusqu'au 1er brumaire an V ; enfin, une quatrième loi, du 28 vendémiaire an V, décida d'attendre « jusqu'à la publication de la loi qui statuera définitivement sur les modifications dont celle du 9 messidor est susceptible. »

La plupart des auteurs, se basant sur ces prorogations successives, ont soutenu que la loi de messidor an III, n'avait jamais été exécutée. Mais, contrairement à ce que l'on pense généralement, et à ce que disait encore en 1891, M. Besson (2), cette loi reçut son application. Cela ressort des travaux les plus récents et particulièrement de ceux de M. Rondel (3). « L'article 37 de la loi du 11 brumaire an VII assure l'effet des inscriptions prises conformément à la loi du 9 messidor an III » ; de plus, une brochure (4), qui est presque un document officiel, et dont l'auteur est Jollivet, le conservateur général des hypothèques, contient le « tableau des inscriptions faites par les conservateurs particuliers des hypothèques, en vertu de la loi du 9 messidor an III. » Cela résulte aussi des recherches de M. Flour de Saint-Genis, qui, récemment, a retrouvé dans les archives du bureau des hypothèques de la Seine,

(1) Rondel, op. cit., p. 148.
(2) Besson, op. cit. p. 92.
(3) Rondel, op. cit , p. 150.
(4) *Le nouveau régime démontré praticable par l'expérience.*

une série de vingt volumes ayant servi à l'accomplissement des formalités prescrites par la loi de messidor (1).

Mais si le code hypothécaire de l'an III reçut un
moment d'application, cette période ne fut pas longue.
Il ne tarda pas à soulever de nombreuses discussions au
sein des assemblées révolutionnaires, qui contenaient
encore de nombreux partisans de la clandestinité hypothécaire, et où beaucoup de membres voyaient dans la
création des cédules un danger pour le crédit public (2).
Cette législation fut remplacée par la loi du **11 brumaire
an VII,** qui abandonna le système des cédules hypothécaires et des déclarations foncières.

Le vote de la loi de brumaire fut précédé d'un éloquent
rapport de Crassous de l'Hérault, qui était un admirateur
passionné du système pratiqué dans les pays de nantissement. Le projet en fut déposé le 27 pluviôse an VI et
adopté par le Conseil des Cinq Cents le 16 germinal de la
même année (5 avril 1798). Le 11 brumaire an VII, il fut
converti en loi par le vote du Conseil des Anciens.

Conformément aux conclusions du rapporteur, la loi
nouvelle posait le principe de la publicité hypothécaire.
« L'hypothèque ne prend rang, et les privilèges sur les
immeubles n'ont d'effet que par leur inscription dans des
registres publics à ce destinés. » (Art. 2) (3).

(1) Challamel. *Rapport sur le crédit hypothécaire.* Proc. verb.
com. extr. cad., V, p. 519.

(2) Une déclaration qui émane du propriétaire lui-même, et qui
sert de base au crédit, « peut, avec raison, paraître suspecte et
laisser des inquiétudes, parce que son crédit semble augmenter en
raison de la dissimulation qu'il apporte dans l'aveu de son passif ».
V. Hua sur le *Rég. Hyp.*, p. 60.

(3) Contrairement à ce qui se passait dans les pays de nantissement en vertu de la loi de 1790, l'hypothèque était conservée par
une inscription et non par une transcription. La transcription était
réservée pour les actes de mutation de propriété ; elle différait de
l'inscription en ce qu'elle était la reproduction intégrale du contrat
sur le registre de conservation.

La loi de brumaire n'a pas reproduit la disposition de la loi de messidor qui accordait à l'inscription prise dans un certain délai, le même effet que si elle avait été prise le jour du contrat. Le rang des divers créanciers hypothécaires sera désormais fixé par la date de l'inscription. Cela résulte de l'article 14-4° de la loi nouvelle qui décide que les créanciers seront colloqués d'après la priorité de leurs inscriptions.

La loi de messidor avait supprimé les hypothèques tacites, mais la loi de brumaire les a rétablies avec le caractère de généralité qu'elle avaient dans l'ancien droit. Seulement, elle les soumet au régime de la publicité (art. 3-4°) « Le réglement de la publicité doit être absolu et général, disait Crassous, ou il est inutile. Que l'on mette une exception, la certitude du gage est détruite, le principe moral de la publicité ne donne plus de résultats. Dispenser les femmes et les mineurs de l'inscription, ce serait violer la maxime constitutionnelle que la loi est égale pour tous. » L'hypothèque légale du Trésor était inscrite à la diligence des commissaires du directoire exécutif; celle du mineur, à la requête du subrogé-tuteur et des parents et amis ayant concouru à la nomination du tuteur; celle des époux mineurs, à la demande des père, mère et tuteurs. (art. 22) Les personnes chargées de requérir l'inscription étaient déclarées responsables du préjudice causé par le défaut d'inscription.

La loi de brumaire pose aussi le principe de la spécialité des hypothèques que la loi du messidor n'avait pas exigée. (art. 4) Elle en dispensait cependant les hypothèques légales et l'hypothèque judiciaire.

Les dispositions de la loi de brumaire relatives à l'inscription sont les mêmes que celles qui sont prescrites par le Code civil. L'organisation des bureaux de conservation

des hypothèques, a été réglée par une loi du 21 ventôse
an VII qui est encore en vigueur.

Avec la publicité hypothécaire, la loi de brumaire or-
ganisait, plus complètement que le Code civil, la publicité
des actes translatifs de propriété ; ce qui permettait aux
créanciers de rechercher, si leur débiteur était bien le
propriétaire des immeubles offerts en garantie.

Le système hypothécaire de la loi de brumaire n'entra
dans notre Code qu'en partie, mais en 1855 on dut rétablir
plusieurs de ses dispositions.

DEUXIÈME PARTIE.

CHAPITRE I.

PRINCIPE DE LA PUBLICITÉ DES HYPOTHÈQUES. — GÉNÉRALITÉS.

§ I. — *Code civil.*

Au moment de la confection du Code civil, c'était le régime hypothécaire de la loi de brumaire an VII qui était en vigueur. Les rédacteurs du code eurent le tort de n'y pas rechercher leurs inspirations, et de faire de nombreuses concessions aux partisans de la clandestinité. qui comptaient dans leurs rangs des hommes de valeur comme Tronchet, Bigot-Priameneu et Portalis. Du côté des partisans de la publicité, figuraient Treilhard, qui prit une part très active à toutes les discussions, et Réal, l'auteur d'un important rapport à la section de législation (1).

La majorité des membres de la Commission de rédaction était hostile au système de la publicité; mais d'autre part, la majorité des membres de la section de législation aurait désiré conserver dans son intégrité la loi de brumaire an VII. Il fut décidé, qu'avant de fixer définitivement le texte du code, le Conseil d'État entendrait

(1) Locré, tome XVI, pages 168 et suiv.

deux rapporteurs, dont l'un serait choisi parmi les défenseurs du système de l'ancien droit, et l'autre parmi les partisans de la publicité.

Les deux rapports furent lus à la séance du 12 pluviôse an XII (1). Bigot-Préameneu chercha à prouver que toutes les réformes qui avaient été tentées pour établir la publicité des hypothèques n'ont eu qu'un but fiscal, telles, dit-il, celles de 1581 et 1693 d'où il n'y avait de certain que la surcharge d'un nouvel impôt, et la loi de l'an VII n'a point encore eu d'autres résultats, » il faut rejeter la publicité, ajoute-t-il, parce qu'elle est un moyen insuffisant pour constater la fortune du débiteur, à cause des hypothèques indéterminées; parce qu'elle divulgue les secrets des familles; enfin, parce qu'elle ne peut procurer ni la sûreté du prêteur, ni la plénitude du crédit de l'emprunteur, et que le régime hypothécaire ancien avait conduit la France au plus haut degré de prospérité (2). » Le second rapport fut rédigé par Réal, au nom des défenseurs du principe de la publicité (3).

A la suite de ces deux rapports, une longue et intéressante discussion s'engagea dans le sein du Conseil d'État. Tronchet et Treilhard y prirent une part très active; le Premier Consul assistait très souvent aux séances et s'y faisait entendre : c'est même lui qui fut l'auteur du système bâtard qui a triomphé. Désireux de trouver une solution qui donne satisfaction aux partisans des deux systèmes, bien que plutôt disposé en faveur de la loi de brumaire, il fit de l'éclectisme; il fit admettre le principe de la publicité, mais avec certaines restrictions, particulièrement pour les hypothèques légales de la

(1) Locré, tome XVI, p. 107 et suiv. et FENET, tome XV, p. 223 et suiv.

(2) Locré, tome XVI, p. 158.

(3) Locré, p. 175 et suiv., Fenet, XV, p. 286.

femme et du mineur, « qui sont incapables de veiller eux-mêmes à leurs intérêts. Il ne faut pas, disait-il, que l'omission d'une formalité puisse leur enlever l'hypothèque que la loi a entendu leur assurer. La sûreté de la femme et du mineur doit être préférée à celle des acquéreurs et des prêteurs (1). »

Ici se remarque le caractère transactionnel de l'œuvre du Code civil. La publicité est adoptée en principe, mais ce qui paraissait exagéré dans la doctrine de la loi de brumaire est repoussé. Cette loi avait décidé que toutes les hypothèques seraient publiques, quelle qu'ait été leur origine, qu'elles fussent légales, judiciaires ou conventionnelles (Art. 3). Les auteurs du code n'ont pas suivi cette voie ; ils ont sans doute préféré chercher leurs inspirations dans l'édit de 1673, qui accordait de nombreuses dispenses d'inscription ; mais ils se sont montrés moins larges que cet édit dans l'admission de ces exceptions qui furent limitées à l'hypothèque de la femme et à celle du mineur. L'édit de 1673 avait, au contraire, étendu cette dispense aux privilèges et hypothèques du roi sur les biens de ses fermiers-comptables (Art. 56), à ceux qui grevaient les biens des receveurs des consignations et des commissaires aux saisies réelles au profit des créanciers des consignations et des saisies réelles (Art. 66), à ceux que les seigneurs féodaux ou censiers avaient pour la conservation de leurs droits (Art. 67). Sous l'empire du Code civil, au contraire, toutes les hypothèques légales, autres que celles du mineur, de l'interdit et de la femme mariée, restent soumises à la règle de la publicité (Art. 2134).

Il est inexact de dire, comme on le fait quelquefois, que la dispense de l'inscription est un caractère des

(1) Locré, XVI, page 218. — Fenet, XV, page 301.

hypothèques légales. Les termes de l'art. 2134 du Code civil sont généraux, et exigent que toutes les hypothèques, soit légales, soit judiciaires, soit conventionnelles, soient soumises à la formalité de l'inscription. « Entre les créanciers, l'hypothèque, soit légale...., n'a de rang que du jour de l'inscription (Art. 2134). » Il est vrai que les hypothèques légales du mineur, de l'interdit et de la femme mariée en sont dispensées aux termes de l'art. 2135, mais il y a là une disposition exceptionnelle qui ne doit pas être étendue aux autres hypothèques légales.

La dispense de publicité accordée à l'hypothèque des incapables était illimitée. Basée sur l'incapacité des créanciers, elle survivait à cette incapacité, ce qui était illogique. La loi du 23 mars 1855 a corrigé cette erreur, en faisant cesser cette dispense d'inscription avec la cause qui l'avait engendrée. Il y avait une disposition analogue dans l'édit de 1673, et même à ce point de vue, cet édit était préférable à la loi de 1855, car il prescrivait à la femme séparée de corps et de biens, ou seulement séparée de biens, d'inscrire son hypothèque dans les quatre mois qui suivaient le jugement prononçant cette séparation (1).

§ 2. — *Réaction contre le Code civil.*

Dès l'origine, le système hypothécaire du Code fut l'objet de nombreuses critiques; beaucoup de jurisconsultes réclamaient un retour aux principes de la loi de brumaire.

______

(1) La loi du 6 février 1893 qui a si profondément modifié la situation de la femme séparée de corps, qui retrouve après le jugement de séparation le plein exercice de sa capacité civile (art. 311, al. 3), n'a pas changé cet état de choses. L'art. 8 de la loi de 1855 est, en effet, formel dans le sens contraire, et le législateur de 1893 n'a nulle part exprimé l'intention d'y déroger.

Jourdan se fit l'écho de ces justes critiques dans le journal « La Thémis » (1). On reprochait au code d'avoir consacré non seulement la clandestinité complète et absolue des hypothèques des incapables, mais encore la clandestinité du droit de propriété ; l'art. 884 du Code de procédure avait bien rendu quelque utilité à la transcription, mais les transferts de propriété pouvaient encore rester occultes attendu que le seul consentement restait toujours suffisant pour opérer la mutation de propriété à l'égard de tous. Les prêteurs ne disposaient donc d'aucun moyen pour contrôler les déclarations de l'emprunteur relativement à la propriété du gage, aussi les capitaux se tenaient éloignés des prêts sur les immeubles.

Ces justes critiques furent entendus par Casimir-Périer, alors ministre de la justice, qui ouvrit un concours sur les moyens d'améliorer notre régime hypothécaire. Parmi les concurrents, il importe de citer M. De Courdemanche, dont le travail original mit en évidence la nécessité d'appliquer le régime de la publicité d'une manière absolue (2).

Le 16 avril 1836, à la suite d'une pétition demandant la révision du régime hypothécaire, et d'un discours de M. Lavielle à la Chambre des députés (3), le gouvernement promit de faire préparer un projet de loi sur la matière. C'est seulement cinq années plus tard qu'il tint sa promesse ; le 7 mai 1841, le Garde des sceaux, M. Martin (du Nord) envoya une circulaire à la Cour de cassation, aux Cours d'appel et aux Facultés de droit, les invitant à faire connaître leur opinion sur la révision du régime hypothécaire et attirant l'attention de ces

(1) Thémis, tome V, p. 228 et 481 ; tome VI, p. 193.
(2) *Du danger de prêter sur hypothèque.*
(3) Chambre des députés, séance du 16 avril 1836. — Moniteur, p. 769 et 770, col. 3.

corps d'élite sur les diverses questions qui avaient été agitées tant par les jurisconsultes que par les publicistes.

Les résultats de cette enquête furent publiés par ordre du gouvernement et réunis en trois volumes sous le titre suivant : « *Documents relatifs au régime hypothécaire.* » (1844). Ces documents constituent, dit le compte-rendu officiel, « le commentaire le plus détaillé des dispositions du Code civil, l'ensemble le plus complet des vues théoriques sur le régime hypothécaire. » Ces documents furent remis à une Commission chargée de préparer un projet de réforme ; les travaux de cette commission n'étaient pas terminés lorsqu'éclata la révolution de 1848. La plupart des Cours et Facultés s'étaient prononcées pour la révision du titre des hypothèques dans le sens de la loi de brumaire. Seules les Cours de Bordeaux et de Toulouse et la moitié de la Cour de Rouen avaient demandé le maintien du *statu quo*. Certaines Cours et Facultés avaient même proposé des modifications à notre code qui, à cette époque, pouvaient passer comme hardies : c'est ainsi qu'on vit les Cours de Riom et de Montpellier, et les Facultés de Paris et de Caen, proposer l'adoption du régime de la publicité réelle.

Le 15 juin 1849, le Président de la République nomma une Commission chargée de reprendre les travaux de réforme que la Révolution de 1848 avait un moment arrêtés. Le projet rédigé fut renvoyé au Conseil d'Etat le 27 décembre 1849, et déposé par le ministre de la justice sur le bureau de l'Assemblée nationale, le 4 avril 1850. M. de Vatimesnil, nommé rapporteur par la Commission réclama le retour complet au régime de la publicité. « Il faut revenir, dit-il, à la publicité complète et absolue. Pour que le crédit foncier existe d'une manière réelle, il est indispensable que toutes les charges hypothécaires se manifestent clairement aux yeux des prêteurs ; que ceux-ci puissent juger par leur propre lumière la situation de l'emprunteur. » Le projet de loi rétablissait en conséquence la transcription, comme condition nécessaire du transfert de propriété à l'égard des tiers ; il exigeait la publicité pour toutes les hypothèques. Après avoir subi l'épreuve de deux délibérations, la réforme allait enfin aboutir, quand le coup d'État du 2 décembre 1851 faillit le faire ajourner définitivement.

Cependant les évènements politiques qui se passèrent alors n'eurent pas assez de force pour arrêter le courant qui s'était formé en faveur de la réforme hypothécaire, et le 11 mai 1853, le gouvernement déposa un nouveau projet de réformes. Ce projet n'avait qu'une portée restreinte : loin de s'étendre à tout notre régime hypothécaire, il devait seulement « lui servir de complément, combler ses lacunes, satisfaire des besoins depuis longtemps réclamés, et parer à des dangers universellement reconnus. » (1). On écarta de parti pris, toutes les innovations de nature à changer les dispositions du Code civil, sur lequel les rédacteurs du texte législatif se défendaient de vouloir porter « une main sacrilège. » Dans ces conditions, la réforme ne pouvait avoir que peu d'ampleur ; au lieu de rééditer les sages mesures de la loi de brumaire, on se contenta d'en faire comme le dit M. Besson, « une timide paraphrase, » (2) sans interroger ni les précédents historiques, ni les législations étrangères, sans toucher au mécanisme hypothécaire de la loi de ventôse an VII.

Le rapport de la commission fut déposé le 21 mars 1854 sur le bureau du Corps législatif. La discussion, commencée le 13 janvier 1855, fut terminée le 17 du

(1) Rouher dans l'exposé des motifs au corps législatif. Troplong. *De la transcription*, p. 5.

(2) Besson, op. cit. p. 121.

même mois, et le projet renvoyé au Sénat, y fut adopté le 14 mars suivant, et devint la *loi du 23 mars 1855*.

Cette loi exige la transcription pour les constitutions entre-vifs de droits réels immobiliers autres que l'hypothèque, et pour les mutations entre-vifs de propriété ; désormais ces actes ne seront opposables aux tiers qu'après l'accomplissement de cette formalité. Les hypothèques légales du mineur et de la femme mariée continueront à être dispensées de l'inscription, mais elles devront être inscrites dans un délai de rigueur après la tutelle ou la cessation du mariage. Telles sont les principales améliorations que la loi de 1855 a apportées à notre régime hypothécaire.

Depuis cette époque, la question de la réforme hypothécaire a encore beaucoup occupé les jurisconsultes et les publicistes. Beaucoup proposent de remanier complètement le mécanisme de la publicité et de substituer à la publicité du code, qui se fait par noms de personnes, la publicité au moyen des livres fonciers imités des Pays allemands. Dans ce système le cadastre serait la base de la publicité de tous les droits réels immobiliers, et les registres seraient nantis de ce qu'on appelle la force probante, principe d'après lequel celui qui est inscrit sur le registre foncier comme étant le titulaire d'un droit réel quelconque, possède un titre irréfragable contre lequel il n'est admis aucune prétention contraire. Un congrès, le *Congrès international de la propriété foncière*, réuni à Paris en août 1889, a résolu de proposer une réforme dans ce sens et une commission d'études instituée auprès du ministère de l'agriculture en vertu d'un arrêté du 18 janvier 1889 l'a réclamée d'une manière formelle. (1) En

----

(1) Le Congrès international de la propriété foncière réuni à Paris en octobre 1892, pour une deuxième session, a décidé toutefois contrairement aux résolutions prises en 1889, qu'il fallait

1890, le Gouvernement a proposé de mettre à l'étude la révision du cadastre, « qui devrait, dit l'exposé des motifs sur le budget de 1891 , constituer la base de la propriété foncière, assurer la *sécurité des hypothèques,* et la régularité des transactions immobilières..., il deviendrait le grand livre terrier de France. » (1).

Le Parlement vota un crédit d'un million dans la loi du budget du 26 novembre 1890, pour permettre de faire les études nécessaires à la préparation de cette réforme, et un décret du 30 mai 1891 nomma une *Commission extraparlementaire du cadastre* « chargée d'étudier et de préciser les réformes à adopter et les mesures à prendre, pour que le cadastre ne soit plus seulement le régulateur de l'impôt, mais devienne en même temps la garantie et la sauvegarde de la propriété foncière. » (2) Les travaux de cette Commission, qui comprenait avec des hommes politiques et des publicistes distingués, des membres éminents des Facultés de droit et des praticiens éclairés, ont été publiés en cinq fascicules par les soins du ministère des finances. La Commission extraparlementaire du cadastre se subdivisait en 3 sous-commis-

séparer la réforme hypothécaire de la révision du cadastre et réserver complètement l'établissement en France des livres fonciers avec ou sans force probante, tout en reconnaissant qu'il importait de « simplifier la manutention hypothécaire, dans le sens de la diminution des écritures et de la délivrance des extraits, » et en déclarant qu'«il y aurait avantage à établir dans les titres de propriété la description des immeubles avec les références au cadastre. »

V. *Revue du Notariat et de l'Enregistrement,* 1892 p. 859, n° 8798.-*L'économiste français* du 29 octobre 1892. — *Journal des économistes* de novembre 1892.

(1) Loi du budget du 26 déc. 1890, chap. 65, J. O. n° 351, année 1890 p. 6.-231.

(2) Rapport de M. Rouvier, ministre des finances, au Président de de la République sur le décret du 30 mai 1891 — J. O., 1891, n° 146 p. 2.426.

sions : une sous-commission technique, une sous-commission juridique et une troisième dite des voies et moyens. La *sous-commission juridique,* la seule dont les travaux intéressent notre étude, s'est arrêtée aux conclusions suivantes :

Elle fait de la publicité un principe absolu, même pour les *hypothèques légales* de la femme mariée, du mineur et de l'interdit, et si elle leur conserve le caractère de généralité, on peut penser qu'elle voudrait leur imposer la spécialisation dans l'inscription qui doit en être faite. Cela résulte du mode de publicité en faveur duquel elle s'est prononcée.

Elle propose la suppression de l'*hypothèque judiciaire.*

Elle étend la nécessité de la transcription aux mutations *mortis causa* et aux actes déclaratifs, mais ne l'exige pas pour la transmission de la propriété à l'égard des tiers.

Elle voudrait qu'on substituât la *publicité réelle* à la publicité personnelle et elle conclut à l'établissement de registres terriers.

Elle accorde la *force probante dans l'intérêt des tiers de bonne foi,* aux énonciations portées sur les registres fonciers, sauf à prendre certaines précautions lors de l'inscription pour sauvegarder les droits des héritiers réservataires et les intérêts des incapables.

Enfin la sous-commission juridique a proposé la création de *bons hypothécaires,* transmissibles par endossement. (1).

Plusieurs projets de réformes ont été déposés au

(1) La dernière séance de la section juridique de la Commission extraparlementaire du cadastre a eu lieu le 8 mars 1894, et il n'a pas été pourvu depuis au remplacement de son président M. Léon Say, aujourd'hui décédé. Le rapport général de MM. Challamel et Massigli n'a pas encore été publié. V. *Revue polit. et parlem.* du 10 février 1897, p. 306.

Parlement durant ces dernières années. Signalons particulièrement celui de MM. Dupuy-Dutemps et Brisson déposé en 1894 (1) et celui de M. Darlan ministre de la justice, déposé sur le bureau du Sénat le 27 octobre 1896.

§ 3. — *Généralités sur la publicité des hypothèques.*

Dans le système du Code Civil, les formalités de la publicité ne sont pas nécessaires pour donner existence à l'hypothèque, et en cela il diffère du système des pays Allemands où la publicité est une des conditions indispensables à l'existence du droit lui-même (2), où la convention d'hypothèque même authentique ne procure au créancier aucun droit sur l'immeuble tant que l'inscription n'a pas été faite. Chez nous, l'hypothèque a une existence indépendante de l'inscription. qui réalise la publicité. Seulement cette hypothèque ne pourra produire aucun effet à l'égard des tiers intéressés à en connaître l'existence, qu'après qu'elle aura été rendue publique. Ce qui donne naissance à l'hypothèque, c'est la convention, la loi ou le jugement ; dès ce moment, l'hypothèque existe au regard du débiteur.

Sous l'empire de la loi du 11 brumaire an VII, cette question pouvait laisser quelques doutes ; l'article 3 de cette loi dit en effet que « l'hypothèque *existe, mais à la charge de l'inscription* » ; l'article 5 emploie des termes qu'il était possible d'interpréter dans ce sens : « *L'inscription*, qui sera faite dans les dix jours avant la faillite..., *ne confère point hypothèque.* » Ces textes pourraient donner à penser que l'inscription est nécessaire pour

(1) V. *J. O. Doct. parlementaire de la Chambre des députés* 1894, annexe 373.

(2) Gillard. *La constitution de l'hypothèque conventionnelle.* Paris. 1891, n° 86.

l'existence de l'hypothèque. Mais le Code civil ne prête pas à ces incertitudes ; il n'exige la publicité que pour assurer l'efficacité de l'hypothèque à l'égard des tiers. Les articles 2134 et 2136 le prouvent abondamment : « *entre les créanciers, l'hypothèque n'a de rang que* du jour de l'inscription » ; « les créanciers ayant hypothèque *inscrite le suivent* en quelques mains qu'il passe. » C'est donc seulement pour produire ses effets à l'égard des tiers, tant au point de vue du droit de préférence (art. 2134) qu'au point de vue du droit de suite (art. 2166), que l'hypothèque doit être inscrite.

On ne pourrait pas, pour soutenir l'opinion contraire, tirer argument de l'article 2135 du Code civil, aux termes duquel certaines hypothèques *existent indépendamment de toute inscription*. Dans ce texte, la loi attache les effets ordinaires de l'hypothèque entre les créanciers aux hypothèques légales des mineurs et des femmes mariées, sans qu'il soit nécessaire de les soumettre à la formalité de l'inscription ; la loi s'occupe ici de l'efficacité de l'hypothèque à l'égard des tiers et non de son existence.

De ce qui précède, il résulte que l'inscription, ou mieux la publicité de l'hypothèque n'est requise qu'à l'égard des tiers. Vis à vis du débiteur, l'hypothèque existe indépendamment de toute inscription (1). Le débiteur ne pourrait donc en aucun cas se prévaloir du défaut de renouvellement d'une inscription, ou du défaut d'inscription ; il ne pourrait pas non plus se baser sur les irrégularités d'une inscription pour en demander la radiation. Il en est de même de ses héritiers qui sont ses continuateurs et ses représentants.

Les personnes qui ont intérêt à ce que l'hypothèque

____

(1) Grenier, tome I. n° 66. — Aubry et Rau, III, § 267. — Baudry et de Loynes, II, n° 1439. — Limoges, 1886 (16 juin). — D. 1889, 2, 31. — Cass. 16 avril 1839, § 39, 1, 511.

soit rendue publique, sont les tiers, c'est-à-dire ceux à qui l'exercice du droit de suite ou du droit de préférence, que procure l'inscription aux créanciers hypothécaires pourrait causer préjudice. Ces tiers sont d'abord les créanciers chirographaires du débiteur que le créancier hypothécaire inscrit pourra primer ; ce sont aussi les autres créanciers hypothécaires du débiteur, dont le rang est fixé par la date de l'inscription aux termes de l'article 2134 du Code ; ce sont enfin les tiers acquéreurs de l'immeuble hypothéqué, qui ont à craindre l'exercice du droit de suite appartenant à tout créancier inscrit ; mais dans ce cas l'efficacité de l'hypothèque peut être subordonnée, ainsi que nous le verrons, à ce fait que l'inscription a été prise avant la transcription du contrat d'aliénation.

Toutes ces personnes peuvent donc se prévaloir du défaut d'inscription. Il y a eu cependant quelques difficultés, dans les premiers temps qui suivirent la promulgation du Code, pour y admettre les créanciers chirographaires : un créancier hypothécaire non inscrit se trouvait en présence de créanciers chirographaires, et soutenait que le seul fait de l'existence de l'hypothèque, même non inscrite, devait lui donner un droit de préférence et suffire pour écarter tout créancier non hypothécaire. Admettre cette opinion, c'était reconnaître quatre catégories de créanciers : les créanciers privilégiés, les créanciers hypothécaires inscrits, les créanciers hypothécaires non inscrits et enfin les créanciers chirographaires. Les partisans de ce système s'appuyaient sur ce que l'hypothèque, ayant une existence indépendante de son inscription, devait conférer, à ceux qui en étaient pourvus, un avantage marqué à l'égard des créanciers simplement chirographaires ; et l'inscription n'est nécessaire que pour fixer le rang entre les créanciers hypothécaires. et pour déterminer entre eux la préférence. On ajoutait que les créanciers chirographaires sont les ayants-cause universels du débiteur, que par conséquent ils ne pouvaient avoir un droit plus étendu que le sien. et que pas plus que le débiteur, ils ne pouvaient invoquer le défaut d'inscription.

La Cour de cassation a eu à se prononcer plusieurs fois sur cette question. et chaque fois elle a repoussé cette doctrine (1). Aux termes de l'article 2093 du Code civil. les biens du débiteur sont le gage *commun* de ses créanciers, et le prix doit s'en distribuer entre eux par contribution. à moins qu'il n'y ait entre les créanciers des causes légitimes de préférence ; suivant l'art. 2094, les causes de préférence sont les privilèges et les hypothèques. Mais pour produire leur effet à l'égard des tiers. ces causes de préférence doivent être rendues publiques : « *Entre les créanciers*, dit l'art. 2106, les privilèges ne produisent d'effet qu'autant qu'ils sont rendus publics par l'inscription » ; l'article 2134 emploie à peu près les mêmes expressions : « *Entre les créanciers*, l'hypothèque n'a de *rang* que du jour de l'inscription prise par le créancier ». Le législateur a donc voulu subordonner l'efficacité du privilège et de l'hypothèque à leur publicité. Les créanciers privilégiés ou hypothécaires, qui n'ont pas fait inscrire leur droit, sont donc dans la même situation que s'ils n'avaient stipulé aucune sûreté spéciale. Les termes des articles 2106 et 2134 sont généraux et ne distinguent pas entre diverses catégories de créanciers. Les créanciers chirographaires pourront donc opposer le non-accomplissement de la formalité de l'inscription, et qu'on ne dise pas qu'étant les ayants-cause universels de leur débiteur, ils ne peuvent avoir plus de droits que lui. Si

(1) Req. 19 décembre 1809. S. 10, 1. 134 ; Civ. 11 juin 1817, S. 18. 1. 328. — Voir aussi Cass. 17 août 1868, D. 68. 1. 398.

les créanciers chirographaires sont les ayants-cause du débiteur pour agir en son nom en vertu de l'article 1166 et exercer un droit qu'il refuse ou néglige d'exercer, ils deviennent des tiers lorsqu'il s'agit de distribuer le patrimoine du débiteur, et qu'ils sont en présence d'autres ayants-cause qui invoquent une cause de préférence. Dans le premier cas, ils agissent en vertu d'un droit appartenant au débiteur pour faire rentrer dans son patrimoine un bien destiné à augmenter leur gage ; dans le deuxième cas, ils agissent en vertu d'un droit propre (1).

On s'est demandé quel intérêt pouvait avoir un créancier chirographaire à invoquer le défaut d'inscription. Le créancier hypothécaire non inscrit a un moyen bien simple en effet pour paralyser cette inscription ; il lui suffit pour cela de faire inscrire son droit. Mais les arrêts de la Cour de cassation auxquels nous faisions allusion plus haut nous montrent qu'ils peuvent quelquefois y avoir un intérêt considérable. On sait que certains évènements, comme une acceptation de succession sous bénéfice d'inventaire ou la prononciation d'un jugement déclaratif de faillite arrêtent le cours des inscriptions, et que les inscriptions prises après l'ouverture de la succession ou après l'époque fixée par le jugement qui prononce la faillite, peuvent être frappées d'inefficacité. Les créanciers chirographaires ont alors un grand intérêt à le faire remarquer pour éviter d'être primés par un créancier tardivement inscrit.

— Le Code a décidé que l'hypothèque serait rendue publique par une inscription prise à la conservation des hypothèques de l'arrondissement où est situé l'immeuble grevé. Le défaut d'inscription empêche l'hypothèque de produire son effet, alors même que les tiers intéressés à

(1) Grenier, I, n° 60. — Baudry et de Loynes, II, n° 1440 ; Aubry et Rau, III, § 267.

la connaître en auraient eu connaissance par un autre
moyen, ou même par leur présence au contrat constitutif
d'hypothèque. Ils ont, malgré cela, le droit de se prévaloir
de l'absence de toute inscription ; la loi ne connaît qu'une
manière d'informer les tiers, l'inscription. La connaissance
qu'ils auraient de l'existence de l'hypothèque ne pourrait
suppléer à l'accomplissement de la formalité requise (1).
Le Code a d'ailleurs consacré cette solution dans l'article
1071 relativement aux substitutions : « Le défaut de transcription ne pourra être suppléé ni regardé comme couvert
par la connaissance que les créanciers ou les tiers acquéreurs pourraient avoir eue de la substitution par d'autres
voies que celle de la transcription ». La situation est la
même, qu'ils soient en face d'une hypothèque ou d'une
substitution ; dans les deux cas, la loi exige que certaines
formalités soient accomplies dans l'intérêt des tiers.
L'inaccomplissement de ces formalités est pour les tiers
une cause légitime d'ignorance qu'ils pourront toujours
valablement opposer, à moins qu'ils ne se soient rendus
coupables de fraude ou de dol. Dans ce cas, ils seront
tenus de réparer le préjudice causé, en vertu de l'art.
1382 ; et, comme le dit M. de Loynes, la meilleure répa-
ration consisterait évidemment dans la défense faite aux
tiers coupables de se prévaloir du défaut d'inscription.

§ 4. — *Des exceptions au principe de la publicité.*

La loi du 23 mars 1855, en limitant la durée de la dispense de publicité à une année après la fin de la tutelle
ou la cessation du mariage, n'a pas apporté une réforme

(1) Pothier, Tr. des substitutions n° 34 « *les formalités ne se
suppléent pas* ». — V. Baudry et de Loynes, II n° 1441. Pourtant
Laurent (XXX n° 552) se demande si cette solution est bien conforme
aux intentions des rédacteurs du Code. — Cass. 27 mars 1841. D.
49. 1. 168.

suffisante. Un projet de loi, récemment déposé sur le bureau du Sénat par M. Darlan, ministre de la justice, exige l'inscription des hypothèques légales et les fait rentrer dans le droit commun (1). Nous ne saurions qu'y applaudir.

Quelle est la portée de l'exception ? — L'art. 2135 signifie que l'inscription n'est pas nécessaire pour conserver les hypothèques légales du mineur, de l'interdit ou de la femme mariée ; mais non que ces hypothèques sont dispensées de la formalité de l'inscription (2). Certaines personnes sont obligées, aux termes des articles 2136 à 2139 du Code, de faire opérer l'inscription des hypothèques légales ; de plus, lorsqu'un immeuble du mari ou du tuteur est aliéné, et que l'acquéreur veut remplir les formalités de la purge, l'art. 2195 exige que l'hypothèque des incapables ait été rendue publique par l'inscription.

La dispense de publicité accordée par l'art. 2135 peut cesser dans diverses circonstances.

1°) Cette dispense se trouve limitée par *l'art. 8 de la loi du 23 mars 1855.* Cette loi a pensé, contrairement à ce qui était décidé généralement sous le Code civil, qu'il était bon de ne pas faire durer la dispense plus longtemps que sa cause, et ainsi elle s'est inspirée de l'édit de 1673. Elle décide qu'après *une année écoulée depuis la dissolution du mariage ou la fin de la tutelle,* l'incapable ne pourra plus conserver à son hypothèque le rang de faveur que lui accordait le Code ; cette hypothèque rentrera alors dans le droit commun, et ne prendra plus rang à la date de son inscription. Il en résulte que les

(1) Projet de loi déposé au Sénat le 27 octobre 1896. — Voir *Gazette des Tribunaux,* 25 février 1896.

(2) La loi n'a pas employé ici les mêmes expressions que dans l'art. 2107, « sont exceptés de la formalité de l'inscription... »

créanciers à hypothèques légales de l'art. 2135 seront désormais primés par tous les créanciers qu'ils primaient autrefois ; qu'ils seront soumis à toutes les vicissitudes qui peuvent atteindre les créanciers hypothécaires non inscrits : la faillite du débiteur, sa mort suivie de l'acceptation bénéficiaire de sa succession, la transcription de la vente de l'immeuble hypothéqué lui feront encourir la déchéance de son droit. Enfin, en cas de purge, aucune notification ne lui sera adressée.

A partir de quel moment commence à courir le délai fixé par l'art. 8 de la loi du 23 mars 1855 ? — En principe, ce sera à partir du moment où cessera la cause qui a déterminé le législateur à accorder à l'incapable la faveur de l'art. 2135. — Pour le *mineur* et pour l'*interdit*, le délai commencera à courir le lendemain du jour de la cessation de la tutelle (1) : peu importe si la tutelle prend fin par la majorité du mineur ou la levée de l'interdiction, ou bien par la mort de l'incapable. La loi ne parle pas de ce dernier cas, mais il était certainement dans son intention d'appliquer à cette hypothèse la limite de la dispense de publicité (2). — Pour la *femme mariée*, le délai en principe commencera à courir au moment où cessera son incapacité ; en cas de veuvage, il courra à partir du décès du mari ; en cas de divorce, à partir du jour de la transcription du jugement de divorce sur les registres de l'état civil ; en cas de décès de la femme, le lendemain du jour de ce décès : il est vrai que la loi ne

(1) Nous disons le lendemain du jour de la cessation de la tutelle. Le texte de la loi confirme cette solution qui est conforme aux principes généraux : la loi dit en effet « *dans l'année* qui suit... »

(2) Au cas d'émancipation du mineur, le délai ne commencera à courir qu'au jour de sa majorité, car alors seulement il jouit de sa pleine capacité. En ce sens Aubry et Rau III, p. 304. — Baudry — Lacantinerie et de Loynes II, n°s 1504 et 1507.

parle que de la veuve et des héritiers de la veuve, mais
en employant ces expressions, elle n'a certainement pas
entendu restreindre sa disposition au cas où le mariage
se dissout par le prédécès du mari. La solution contraire
serait en opposition formelle avec l'esprit qui a présidé
à la confection de la loi de 1855 (1).

2°) La dispense de publicité accordée à l'hypothèque
légale de la femme mariée cesse encore *lorsque cette
femme a cédé son hypothèque à un tiers.* Dans ce cas,
le tiers, créancier du mari ou acquéreur d'un immeuble
de celui-ci, subrogé à l'hypothèque de la femme, doit
rendre publique cette hypothèque, s'il veut en profiter (2).

Avant la loi du 23 mars 1855, la cession qu'une femme
mariée faisait de son hypothèque légale, était opposable
aux tiers indépendamment de toute mesure de publicité ;
cette cession participait à la faveur accordée par le Code
au droit hypothécaire de la femme (3). Le rang entre les
divers créanciers subrogés était fixé par la date des subrogations successives ; et comme les cessions pouvaient
être tenues secrètes, la femme disposait ainsi d'un moyen
facile de tromper les créanciers de son mari. Il n'en est
plus ainsi aujourd'hui : les cessionnaires de l'hypothèque
légale de la femme doivent rendre publique la cession qui
les en investit, et qui ne peut être consentie que par un
acte authentique.

(1) Req. 2 juillet 1877 D. 78-1-408.

(2) Loi du 23 mars 1855, art. 9 et loi du 13 février 1889. La subrogation à l'hypothèque légale de la femme n'était pas prévue par le
Code ; elle a été imaginée par la pratique après sa confection.

(3) La jurisprudence l'admettait unanimement. V. notamment
Cass. 13 nov. 1854 D. 55. 1. 113. La dispense n'était en effet soumise d'après le code qu'à quelques restrictions bien déterminées,
(purge, expropriation forcée) et ne cessait pas avec l'incapacité de
la femme.

Comment cette cession est-elle rendue publique ? —
Deux hypothèses peuvent se présenter :

a) *La cession, subrogation ou renonciation a eu lieu
au profit d'un créancier ;* dans ce cas, l'art. 9 de la loi
de 1855 distingue suivant que l'hypothèque légale de la
femme est inscrite ou ne l'est pas. Si l'hypothèque légale
n'est *pas inscrite*, le subrogé doit en requérir directement
l'inscription à son profit ; il devra pour cela rédiger un
bordereau où seront faites toutes les énonciations requises.

Si l'hypothèque de la femme *a été inscrite* au nom de
celle-ci, le subrogé peut procéder de deux façons : ou
bien requérir directement l'inscription de l'hypothèque
légale à son profit, ou bien se contenter d'une mention en
marge de l'inscription déjà prise.

Cette mention est l'accessoire de l'inscription près de
laquelle elle se trouve inscrite ; elle en suit complètement
le sort.

b) *La cession ou renonciation a eu lieu au profit d'un
acquéreur.* Depuis 1855, on discutait vivement pour
savoir si l'art. 9 de la loi du 23 mars 1855 avait prévu
ce cas de renonciation. Beaucoup d'auteurs se basant
sur les termes de la loi qui ne font aucune distinction
entre la renonciation au profit d'un créancier et la
renonciation au profit d'un acquéreur, ni entre la renonciation translative et la renonciation extinctive décidaient
que l'inscription était nécessaire pour conserver le droit
que la femme avait transmis à l'acquéreur. C'était, disait-
on, le vœu de la loi, qui, dans son art. 1 et son art. 2.
avait soumis à la règle de la publicité non seulement les
actes translatifs de propriété et constitutifs de droits réels
immobiliers ; mais encore les actes portant renonciation
à ces mêmes droits.

Dans l'opinion contraire, on repoussait l'application
de l'art. 9 en disant que cette disposition était spéciale

aux cessions faites au profit des créanciers, et qu'elle
avait pour but de régler l'ordre de préférence entre les
cessionnaires successifs de l'hypothèque légale. On
ajoutait que les tiers seraient suffisamment avertis par
la transcription de l'acte d'aliénation, et qu'il était inutile
de prendre inscription d'un droit le plus souvent éteint.

Ce système, qui était suivi par la pratique des notaires
se subdivisait alors en plusieurs autres : pour certains
auteurs, les renonciations envers les acquéreurs étaient
restées soumises aux règles du Code civil (art. 2135); pour
les autres, elles ne devaient être rendues publiques conformément à l'art. 9, que si elles avaient eu lieu par un
acte distinct et postérieur; d'autres ne soumettaient à
l'art. 9 que les renonciations translatives ; d'autres enfin
décidaient qu'il n'y avait jamais lieu d'appliquer l'art. 9
et que la renonciation devenait opposable aux tiers par
le seul fait de la transcription de l'acte d'aliénation (1).

L'indécision, où se trouvaient la jurisprudence et la
doctrine, rendait très critique la situation des acquéreurs
d'immeubles grevés d'hypothèques légales de femmes
mariées. S'ils voulaient avoir un titre sûr, ils devaient
procéder à la purge, qui est trop coûteuse pour être
souvent pratiquée. Les notaires se préoccupèrent de
cette question et adressèrent, en 1862 et 1881, aux pouvoirs publics des pétitions qui aboutirent à la confection
de la loi du 13 février 1889.

Cette loi décide que la renonciation par la femme à
son hypothèque légale au profit d'un acquéreur ne sera

<hr>

(1) Pont I, n° 486. — Sir. 81.1.473. La Cour de Cassation avait
décidé dans un arrêt du 29 août 1866 (D. 67-1-49) que l'art. 9 s'appliquait à la renonciation translative, et dans un arrêt du 5 mai 1890
(D. 90-1-467), qu'il ne s'appliquait pas à la renonciation purement
extinctive.

opposable aux tiers qu'autant qu'elle aura été rendue publique. mais cette publicité n'est pas celle de l'art. 9 de la loi de 1855. Il faut distinguer suivant que la renonciation a eu lieu dans l'acte d'aliénation ou dans un acte postérieur. Dans le premier cas. la publicité résultera de la *transcription de l'acte d'aliénation;* dans le second cas. d'une *mention en marge de cette transcription* (1).

Il résulte de la loi nouvelle que les tiers qui voudront se renseigner complètement sur le sort d'une hypothèque légale dans laquelle une femme mariée offre de les subroger. devront désormais consulter non seulement les registres des inscriptions mais encore celui des transcriptions.

3° Les hypothèques légales des femmes mariées et des mineurs sont *quelquefois perdues quant au droit de suite, lorsqu'elles ne sont pas inscrites dans un certain délai.* Les incapables ne conservent alors que leur droit de préférence sur le prix de l'immeuble grevé d'hypothèques.

Il en sera ainsi dans les circonstances suivantes : lorsqu'un immeuble appartenant au mari ou au tuteur est aliéné volontairement au profit d'un acquéreur qui remplit les formalités de la purge conformément aux articles 2193 et 2194 du Code civil; lorsque cet immeuble est adjugé sur saisie ; ou encore lorsqu'il est exproprié pour cause d'utilité publique. Il arrive que l'inscription des hypothèques légales peut devenir nécessaire alors même qu'on se trouve encore pendant le mariage, pendant la tutelle et l'année qui suit. L'inscription doit être prise au premier cas. dans le délai de deux mois fixé par

____

(1) Cette renonciation pourra être expresse ou tacite. La renonciation tacite de la femme résultera de son concours à l'acte d'aliénation, mais seulement si elle y a stipulé comme covenderesse, ou comme garante ou caution de son mari.

l'art. 2195, au deuxième, avant la transcription du jugement d'adjudication (C. proc. art. 717 in fine), et, au troisième, dans la quinzaine de la transcription du jugement d'expropriation. (Loi du 3 mai 1841, art. 17).

Si l'inscription n'est pas prise dans ces conditions, le droit de suite attaché à l'hypothèque légale est perdu. Il n'en est pas de même du droit de préférence ; il peut être exercé sur le prix, encore dû par l'acquéreur ou par lui consigné, à la condition que le créancier, titulaire de ce droit, produise à l'ordre en temps utile.

CHAPITRE II.

PRÉLIMINAIRES DE L'INSCRIPTION. — QUI PEUT LA REQUÉRIR? EN QUEL LIEU ET EN QUEL TEMPS DOIT-ELLE ÊTRE REQUISE?

Le Code décide que les hypothèques seront rendues publiques par une inscription. L'inscription est le seul mode de publicité des hypothèques consacré par la loi (1). Rien ne peut la remplacer, même la connaissance que les tiers pourraient avoir de l'hypothèque par un autre moyen, ainsi que nous l'avons vu plus haut. Cette formalité a été empruntée par les rédacteurs du Code civil aux lois du 9 messidor an IV et du 11 brumaire an VII. On l'avait déjà vu apparaître sous une autre dénomination dans l'édit de Colbert de 1673, et l'enregistrement des *oppositions* correspondait à la formalité actuelle de l'inscription. On peut aussi rapprocher de l'inscription la formalité de la transcription, qui avait été édictée par le décret du 17 septembre 1790, pour remplacer les formalités de saisine et dessaisine dans les pays de nantissement. Pourtant, ainsi que nous l'avons déjà fait remarquer, cette transcription de 1790 différait de notre inscription en ce qu'elle était nécessaire pour parfaire le contrat entre les parties (2).

(1) Cela n'est plus tout à fait exact depuis la loi du 13 février 1889, qui a décidé que la renonciation par une femme mariée à son hypothèque légale au profit de l'acquéreur d'un immeuble du mari, serait rendue publique par la transcription de l'acte d'aliénation ou par une mention en marge de cette transcription.

(2) Grenier. *Tr. des hyp.*, tome I, n° 132.

Le rôle de l'inscription des hypothèques est d'assurer l'application du principe de la publicité. Donner un fondement solide au crédit immobilier, fournir aux tiers les renseignements nécessaires pour connaître la solvabilité d'un individu déterminé, déjouer les fraudes possibles de la part des débiteurs indélicats, assurer en un mot la sécurité des transactions, telle est l'importante mission de la publicité hypothécaire, et de l'inscription qui en est la mise en œuvre. Nous examinerons plus loin si le mode de publicité des hypothèques, tel que les rédacteurs du Code l'ont organisé, remplit avantageusement la mission qui lui appartient, et si les inconvénients qui seront signalés n'en exigent pas une refonte complète. Pour le moment, nous nous proposons d'étudier ce que l'on pourrait appeler les *préliminaires de la réquisition d'inscription* : quelles sont les personnes qui ont qualité pour requérir l'inscription ? En quel lieu cette formalité doit-elle être remplie ? En quel temps l'inscription doit-elle être prise ? Telles sont les questions que nous allons successivement passer en revue dans ce chapitre. Nous verrons ensuite, dans le chapitre III, quelles sont les formalités à remplir pour obtenir l'inscription, et quelles sont les diverses énonciations qu'elle doit contenir.

SECTION I. — **Qui peut requérir l'inscription ?**

En principe, l'inscription ne peut avoir lieu d'office, elle doit être requise (1). La faculté de requérir les inscriptions appartient d'abord au *créancier* hypothécaire qui est évidemment le premier intéressé à sauvegarder

(1) Il n'y a d'exception à cette règle que pour le privilège du vendeur et pour l'hypothèque du Trésor grevant les biens du conservateur Loi du 21 ventôse an VII art. 7, et loi du 5 septembre 1807, art. 7).

son droit. Elle appartient même au créancier qui n'a pas
le plein exercice de sa capacité civile : les femmes
mariées et les mineurs peuvent donc requérir une inscription sans l'autorisation du mari ou l'assistance du tuteur.
L'inscription est, en effet, un simple acte conservatoire.
En décider autrement, ce serait priver les incapables du
bénéfice de l'art. 2139.

Le créancier peut aussi requérir l'inscription par un
mandataire conventionnel ou légal. Cela ressort de
l'art. 2148, al. 1 : « Pour opérer l'inscription, le créancier
représente soit par lui-même, soit par un tiers, l'original
en brevet..... ». La forme de la procuration importe peu,
le mandat peut être indifféremment conventionnel ou
légal, sous seings privés ou authentique, écrit ou verbal.
Cela ressort des termes généraux employés par l'art. 2148
qui autorisent un tiers quelconque à prendre l'inscription
une fois qu'il est porteur des pièces requises, ce qui
équivaut à un mandat tacite.

Ce tiers pourrait même agir sans mandat, en qualité
de simple gérant d'affaires. Les principes de la gestion
d'affaires ne s'opposent pas, quoiqu'on ait soutenu le
contraire, à ce qu'il en soit ainsi (1). Tout ce qu'un individu, sans mandat, fait utilement au nom d'autrui et
relativement à l'administration de son patrimoine, est
valablement fait, si ce dernier l'approuve ultérieurement.
L'opinion contraire, depuis longtemps abandonnée, tirait
argument des art. 2139 (Civ.) et 775 (Proc.) à contrario.
Mais ces arguments sont sans valeur ; l'art. 2139, en
permettant aux seuls amis du mineur de requérir inscription de son hypothèque, a voulu faire ressortir l'exception
introduite relativement à l'hypothèque de la femme, car
des motifs de convenance s'opposaient à ce qu'on permit

(1) Merlin, Répertoire, V° *Inscription hypothécaire*, § V, n° 5. —
Contra, Aubry et Rau, III, § 270, 2°.

aux amis de la femme d'inscrire cette hypothèque, et l'art. 775 du Code de Procédure est purement et simplement une application de l'art. 1166 du Code civil : les créanciers qui prennent inscription des hypothèques de leur débiteur, agissent dans leur intérêt personnel et non dans l'intérêt de celui-ci.

Remarquons, à propos du droit pour les créanciers d'inscrire les hypothèques de leur débiteur, qu'ils ne peuvent prendre cette inscription exclusivement en leur faveur, mais sous le nom du débiteur, titulaire de la créance hypothécaire. S'il en était autrement, il serait dérogé à la règle que le patrimoine du débiteur est le gage commun des créanciers et qu'il doit être réparti également entre eux.

Le notaire qui a reçu un contrat constitutif d'hypothèque, ne doit pas par le fait même être considéré comme mandataire des parties à l'effet d'inscrire l'hypothèque. Son rôle consiste à imprimer l'authenticité aux actes passés devant lui, et aucune loi ne le fait mandataire des créanciers hypothécaires à l'effet de prendre les inscriptions. Il n'en serait plus ainsi si le notaire avait été spécialement chargé de ce soin, et sa responsabilité serait engagée dans le cas où il aurait omis d'accomplir sa fonction, car alors il ne serait plus notaire mais mandataire. (1).

Le conservateur des hypothèques n'a pas qualité pour prendre d'office inscription des privilèges ou des hypothèques, même quand ces droits se trouvent stipulés dans un acte qui lui est présenté pour la transcription, une donation par exemple. La loi ne lui donne ce soin que pour le privilège du vendeur (art. 2.108) ; en dehors de là, il est du devoir du conservateur d'attendre la

(1) Baudry et de Loynes, tome II, N° 1620. — Montpellier, 30 juin 1890, D. 91, 2.181.

réquisition des parties. Mais est-ce à dire que le conservateur ne pourra en aucun cas opérer une inscription d'hypothèque conventionnelle ? Ce serait aller trop loin : le conservateur, comme un tiers quelconque, muni des pièces nécessaires, peut jouer le rôle de gérant d'affaires et à ce titre prendre les inscriptions. Quand aux inscriptions que le conservateur prendrait directement sans réquisition aucune, elles ne seraient pas nulles, mais comme il peut être dans l'intention des parties d'en retarder la date, le conservateur pourrait être déclaré pécuniairement responsable du préjudice causé au crédit du débiteur par suite de l'inscription. (1).

En ce qui concerne les hypothèques légales dispensées d'inscription, on sait que la loi forme le vœu qu'elles soient inscrites à la diligence de certaines personnes énumérées dans les articles 2136, 2137, 2138 et 2139 : maris et tuteurs, subrogés tuteurs, procureur du roi, parents de la femme et du mari, parents et amis du mineur. Les maris et tuteurs, qui n'ayant pas fait inscrire l'hypothèque légale de la femme ou du mineur, contractent sans déclarer l'existence de cette hypothèque, sont réputés *stellionataires*. Mais cette sanction est devenue illusoire depuis l'abolition de la contrainte par corps par la loi du 22 juillet 1867. Le conservateur des hypothèques, n'ayant pas été désigné par la loi, ne peut, sur sa propre initiative, rendre publiques les hypothèques légales (2). Mais s'il est parent de l'incapable ou ami du mineur, il peut remplir la formalité, et s'il est mari ou tuteur, il est dans l'obligation de le faire. Le conservateur qui contreviendrait à ces dispositions, en inscrivant par exemple

(1) Aubry et Rau, t. III, § 270, N° 3. — De plus, le créancier qui n'aurait pas requis cette inscription, pourrait refuser de payer au conservateur les droits qui lui sont dus à ce sujet.

(2) Circulaire du ministre de la justice du 15 septembre 1808.

de son autorité, l'hypothèque d'une femme mariée pourrait être l'objet de la part du mari d'une demande en dommages et intérêts (1).

Lorsque le créancier hypothécaire est décédé, le droit de requérir l'inscription appartient à ses successeurs : héritiers légataires, et même cessionnaires. Nous verrons plus loin le point de savoir sous quel nom cette inscription peut être prise.

SECTION II. — **Où doit se prendre l'inscription ?**

Pour rendre la publicité effective et permettre aux tiers de s'éclairer facilement sur le crédit hypothécaire d'un propriétaire, il fallait que les inscriptions fussent prises au lieu de la situation de l'immeuble. Il en a été ainsi de tous temps : les Grecs plaçaient leurs enseignes sur l'immeuble lui-même ; dans les pays de nantissement, la formalité de vest et devest s'opérait à la justice foncière dans le ressort de laquelle se trouvait l'immeuble ; sous les édits de 1673 et de 1771, alors que les circonscriptions judiciaires étaient formées par les bailliages et les sénéchaussées, les renseignements étaient groupés au greffe de ces tribunaux ; sous les lois de X messidor an III et de brumaire an VII, c'était au bureau du conservateur de l'arrondissement ou district. Aujourd'hui les circonscriptions hypothécaires correspondent aux circonscriptions administratives et judiciaires ; il y a une conservation des hypothèques dans chaque chef-lieu d'arrondissement, pour les biens situés dans l'arrondissement (art. 2146), elle se trouve au lieu où siège le tribunal de première instance et sa circonscription est la même (2).

(1) Civ. 4 août 1874. D. 75, 1. 163.

(2) Ces règles souffrent exception pour le département de la Seine où il y a trois conservations des hypothèques pour un seul arrondissement judiciaire.

Les inscriptions doivent donc se faire à la conservation des hypothèques de l'arrondissement, dans lequel sont situés les biens grevés. Elles ne sont valables qu'à cette condition, et si l'on veut prendre inscription sur un ensemble de biens situés dans des arrondissements différents, il faudra prendre autant d'inscriptions qu'il y a de circonscriptions différentes ; sinon, la portion de biens située dans les arrondissements où la formalité n'a pas été accomplie ne sera pas grevée.

Pour ce qui concerne les *actions de la Banque de France*, immobilisées suivant le décret du 16 janvier 1808, les inscriptions seront prises au bureau de la conservation de Paris, dans le ressort duquel se trouve le siège de la Banque. C'est à ce siège que se trouve la situation de l'immeuble, et non au domicile essentiellement variable du propriétaire des titres. Il est vrai que le décret de 1808 ne contient aucune disposition à cet égard, mais cette solution est la seule conciliable avec le principe de la publicité hypothécaire. Les renseignements à fournir aux intéressés doivent, autant que possible, se trouver à leur portée : si l'on permettait d'inscrire en un lieu quelconque de semblables hypothèques, les recherches deviendraient d'une difficulté extrême.

L'hypothèque maritime, créée par les lois du 10 décembre 1874 et du 10 juillet 1885, doit être inscrite au bureau du receveur principal des douanes dans le ressort duquel le navire est immatriculé.

— Certains jurisconsultes ont proposé de multiplier le nombre des conservations hypothécaires, et d'établir dans chaque canton un bureau qu'on annexerait au bureau d'enregistrement. On dit en faveur de cette réforme qu'il faut rapprocher le plus possible l'immeuble hypothéqué du registre hypothécaire, et que par ce moyen, la publicité serait mieux organisée (1). Ce changement présenterait certainement quelques avantages au point de vue de la commodité des recherches. mais serait-il nécessaire ? Les recherches sont rendues très faciles aujourd'hui par suite des nombreux moyens de communication dont on dispose ; de plus, il arrive souvent qu'un individu a toutes ses propriétés dans le même arrondissement. alors qu'il en possède dans plusieurs cantons, et au lieu de simplifier les recherches. la réforme proposée entraînerait des complications ; enfin les avoués doivent très souvent (art. 678. 692. 693. 725. C. Proc.) recourir au bureau des hypothèques. soit pour opérer des transcriptions, soit pour accomplir les diverses formalités de la saisie immobilière. etc. ; les obliger à demander par correspondance les renseignements qui leur sont nécessaires, ce serait augmenter inutilement les lenteurs et les frais de procédure.

SECTION III. — **Quand l'inscription doit être prise ?**

Pour résoudre cette question, il faut rechercher successivement le moment à partir duquel peut se prendre l'inscription, et l'époque jusque laquelle elle peut être prise.

§ 1. — *A partir de quelle époque peut-on prendre inscription ?*

Les hypothèques peuvent être inscrites aussitôt qu'elles existent : l'hypothèque conventionnelle existe dès que le contrat authentique en a été passé, que la créance soit à

(1) Huc. Recueil de l'Académie de législation de Toulouse. — Procès-verbaux de la commission du cadastre : MM. Boutin et Boudenoot, II, p. 184 et p. 233.

terme ou conditionnelle; l'hypothèque judiciaire existe
dès le moment de la prononciation du jugement et elle
peut être inscrite même pendant le délai suspensif de
l'exécution, sans qu'il soit besoin que le jugement ait été
signifié; l'hypothèque légale du Trésor pourra être
inscrite à partir du moment de l'entrée en fonction des
comptables, et celle des légataires, dès le jour de l'ouverture de la succession.

A cette règle que l'inscription peut être prise aussitôt
que l'hypothèque existe, il y a des exceptions :

L'hypothèque, établie sur les biens présents et à venir
du débiteur, conformément à l'art. 2130, ne peut être
inscrite, relativement aux biens à venir, qu'après leur
entrée dans le patrimoine du débiteur, car l'inscription
primitive ne peut suffire pour atteindre ces biens qui ne
sont frappés par l'hypothèque qu'à ce moment même.

L'hypothèque judiciaire qui résulte d'un jugement en
reconnaissance d'écritures, ne peut être inscrite aussitôt
le jugement, que si la reconnaissance d'écritures n'a pas
porté sur une créance à terme ou conditionnelle. En
vertu de l'art. 4 de la loi du 3 septembre 1807, cette
hypothèque ne peut être inscrite qu'après l'accomplissement de la condition ou l'échéance du terme. Cette
disposition a été introduite pour réprimer une fraude très
fréquente après la promulgation du Code, au moyen de
laquelle des créanciers chirographaires pouvaient facilement se procurer une hypothèque générale sur les biens
de leur débiteur, alors que celui-ci n'aurait pas voulu
leur conférer une hypothèque conventionnelle.

§ 2. — *Jusqu'à quelle époque peut-on prendre inscription?*

En principe, le créancier hypothécaire peut toujours

s'inscrire utilement, même après un très long espace de temps : mais son hypothèque ne produira d'effet qu'à la date de son inscription : il est donc de son intérêt de ne pas perdre de temps et d'agir avec diligence. Rappelons cependant que la loi du 23 mars 1855 a décidé, que les hypothèques légales du mineur, de l'interdit et de la femme mariée devaient être inscrites dans l'année de la cessation de la tutelle ou de la dissolution du mariage pour jouir du rang de faveur que leur accorde l'art. 2135, sinon, ces hypothèques ne prennent rang qu'à la date de leur inscription.

Il n'y a donc pas, en principe, de délai légal pour prendre inscription. Mais à ce principe il y a quelques exceptions : certains événements, en effet, arrêtent le cours des inscriptions. Ces événements sont : 1⁰ la transcription de l'acte entre-vifs constatant l'aliénation d'un immeuble hypothéqué, ou l'ouverture d'un legs particulier de cet immeuble ; 2⁰ la faillite du débiteur ; 3⁰ l'acceptation de sa succession sous bénéfice d'inventaire.

1. — *Transcription de l'acte d'aliénation entre-vifs et ouverture d'un legs particulier de l'immeuble hypothéqué.* — Écartons d'abord cette dernière hypothèse qui prête à moins de développement. Dans le cas de legs particulier de l'immeuble hypothéqué, l'inscription de l'hypothèque consentie par le défunt devient impossible à partir du jour du décès, car l'hypothèque ne peut porter sur un immeuble dont la propriété est au regard de tous transférée à un tiers. Le bien qui a été l'objet d'un legs particulier est en effet sorti du patrimoine du débiteur par le seul fait du décès, sans qu'aucune transcription soit nécessaire pour parfaire le transport de la propriété.

— Pour ce qui concerne l'aliénation entre-vifs de l'im-

meuble hypothéqué, la question ne présente pas la même
simplicité. Cette aliénation peut être *volontaire, forcée,*
ou une *expropriation pour cause d'utilité publique.*
Nous allons rechercher à quel moment précis, dans chacune de ces hypothèses, le cours des inscriptions est
arrêté ; nous aurons ainsi tranché la question de savoir
jusqu'à quel moment le créancier hypothécaire peut utilement conserver son droit.

A. — *Aliénation volontaire de l'immeuble hypothéqué.*

a). Sous la loi du 11 *brumaire an VII,* le créancier
hypothécaire pouvait utilement s'inscrire *jusqu'au moment de la transcription de l'acte d'aliénation ;* seule,
la transcription, rendait l'aliénation opposable aux tiers,
et jusqu'à ce moment la propriété était censée reposer
toujours sur la tête de l'ancien propriétaire. Les créanciers hypothécaires qui ne s'étaient pas encore inscrits
pouvaient donc le faire jusque l'accomplissement de la
transcription de l'aliénation.

b). Sous l'empire du *Code civil,* l'aliénation à titre
onéreux était parfaite, à l'égard des parties comme à
l'égard des tiers, par le seul fait de la convention. Les
rédacteurs du Code, après de longues hésitations et
malgré les protestations éloquentes de Treilhard qui
considérait avec raison la publicité des mutations comme
la condition essentielle d'un bon régime hypothécaire (1),
refusèrent d'organiser la publicité du droit de propriété.
La nécessité de la transcription semblait cependant avoir
triomphé au sein des discussions, mais par suite d'un
concours de circonstances difficiles à expliquer, les uns
disent un malentendu, Troplong dit un escamotage (2),
le Code est resté muet sur la question de la transcription.

(1) Locré, tome XVI, p. 199.
(2) Troplong. *Tr. des privilèges et hypothèques.* Préface, page 39.

Aussi admettait-on presque unanimement que le *seul fait
de l'aliénation à titre onéreux,* qui rendait le contrat
opposable à tous, était suffisant pour empêcher les créanciers hypothécaires de prendre inscription. Dans ces
conditions, les créanciers pouvaient perdre le droit de
s'inscrire avant même qu'ils en aient eu le temps matériel ; il suffisait pour cela que l'acte d'aliénation ait suivi
de très près la constitution de l'hypothèque.

La Régie de l'Enregistrement, soit dans un intérêt
fiscal, soit parce que le rapport de Grenier qui servit de
base aux instructions adressées aux conservateurs des
hypothèques, contenait des déclarations altérées (1),
niait cependant cet effet de l'aliénation et prétendit que la
transcription restait nécessaire pour arrêter le cours des
inscriptions. Il en est résulté que les conservateurs
admirent les créanciers hypothécaires d'un vendeur à
prendre inscription jusqu'au moment de la transcription
du titre d'aliénation.

Cette prétention fut l'objet d'une protestation de la
part du ministre de la justice, et le Conseil d'Etat, dans
un avis du 11 fructidor an XIII, repoussa, l'interprétation
de la Régie de l'Enregistrement et décida que « la transcription utile encore, soit pour purger l'immeuble des
hypothèques inscrites antérieurement à la vente, (art.
2181), soit pour la purge des hypothèques légales qui
auraient existé aussi antérieurement à la vente, n'était
plus nécessaire depuis la promulgation du Code civil,
pour annuler l'effet des inscriptions postérieures. » (2)

(1) Instructions adressées aux conservateurs des hypothèques le
11 messidor an XII.

Grenier avait dit en effet dans la séance du 26 ventôse an XII :
« La transcription n'est plus aujourd'hui nécessaire pour la transmission des droits du vendeur à l'acquéreur, respectivement aux
tiers, en sorte qu'elle n'est pas nécessaire pour arrêter le cours des
inscriptions. V. Locré, tome XVI page 398.

(2) Locré, tome XXIII, P. 31.

Sous l'empire du Code civil, il n'y avait d'exception à cette règle que pour les mutations de propriété immobilière entre-vifs et à titre gratuit; dans ce cas, le transport ne s'opérait vis à vis des tiers que par la transcription : seul le fait de la transcription pouvait alors arrêter le cours des inscriptions.

c). La décision du Conseil d'Etat que nous venons de rapporter faisait courir aux créanciers hypothécaires de graves dangers; elle avait de plus l'inconvénient de diminuer les recettes du Trésor en ôtant tout avantage à l'accomplissement de la transcription. Une modification s'imposait; le législateur profita pour y travailler de l'occasion qui se présentait à lui lors de la rédaction du Code de Procédure civile. Il fit entrer dans l'art. 834 de ce Code une disposition autorisant les créanciers hypothécaires du précédent propriétaire à s'incrire *jusqu'à l'expiration de la quinzaine qui suivait la transcription de l'acte d'aliénation.* Ainsi donc, le Code de Procédure accordait un délai de faveur aux créanciers hypothécaires pour qu'ils puissent s'inscrire; il rendait à la transcription une grande utilité, puisqu'elle seule pouvait faire courir ce délai, mais il ne décidait pas que la transcription serait nécessaire pour transférer la propriété à l'égard des tiers. L'aliénation à titre onéreux continuait à être parfaite à l'égard de tout le monde par le seul fait du contrat, et une nouvelle constitution d'hypothèque ou une revente consentie après la première aliénation, même avant la transcription, auraient été complètement nulle.

Sous l'empire du Code de procédure civile, les créanciers qui s'inscrivaient avant la transcription de l'acte d'aliénation étaient dans une meilleure situation que ceux qui s'inscrivaient après l'accomplissement de cette formalité; car, en vertu de l'art. 835 du Code de procédure, c'était seulement aux premiers que l'acquéreur était tenu de faire les notifications à fin de purge prescrites par les articles 2183 et 2184 du Code civil. D'autre part, le nouvel acquéreur, devenu par le seul fait du contrat propriétaire vis à vis de tous, pouvait consentir des hypothèques sur son bien aussitôt l'acquisition ; ses créanciers hypothécaires pouvaient s'inscrire immédiatement, et pendant le délai accordé, la préférence entre ces créanciers et les créanciers de l'aliénateur était réglée par la date des inscriptions.

Par ce qui précède, on voit que la situation des créanciers hypothécaires, bien qu'améliorée par l'art. 834 du C. P. C. ne présentait pas encore de sérieuses garanties. La réforme faite était peu logique, « Du moment, en effet, comme le dit très bien M. Guillouard, où la transmission de la propriété s'effectue par le seul effet de la convention, il est difficile d'admettre qu'un créancier hypothécaire puisse prendre inscription sur un immeuble qui, *vis à vis de lui* comme vis à vis de tous, n'est plus dans le patrimoine de son débiteur : en le décidant ainsi le Code de procédure donnait le pas à l'utilité pratique sur l'application juridique des principes relatifs à la transmission de la propriété, d'après le Code civil » (1).

d). La loi du 23 mars 1855 est venue heureusement apporter à notre législation une réforme réclamée depuis longtemps. Faisant retour aux principes de la loi de brumaire, cette loi exige la transcription pour que la transmission de la propriété s'opérât à l'égard des tiers. Comme sous l'empire de la loi de brumaire an VII, les créanciers hypothécaires pourront donc désormais prendre inscription *jusqu'au jour de l'accomplissement de*

______

(1) M. Guillouard. *Tr. des priviléges et hypothèques*, n° 43, p. 55, tome I.

la transcription. Après ce moment, le droit des créanciers non inscrits ne peut plus utilement se manifester, et ils perdent à la fois leur droit de suite et leur droit de préférence, pour rentrer dans la classe des créanciers chirographaires.

Ces règles ne s'appliquent pas aux hypothèques légales des incapables tant qu'elles restent dispensées d'inscription, sauf le droit pour l'acquéreur de les purger conformément aux articles 2194 et 2195 du Code civil.

La loi du 23 mars 1855 a supprimé le délai de grâce introduit par le Code de procédure en faveur des créanciers hypothécaires. Quelques cours d'appel, lors de l'enquête de 1841, s'étaient prononcées contre cette idée, car il fallait craindre, disaient-elles, « qu'au moment où un créancier vient d'obtenir une hypothèque et pendant les délais nécessaires pour l'enregistrement et l'expédition, un débiteur de mauvaise foi vende et que l'acquéreur fasse transcrire avant que le créancier ait eu le temps de prendre inscription » (1). Nous pensons qu'il n'y avait pas grand inconvénient à abolir le délai de l'art. 834 (C. Pr. C.), et qu'il ne faut pas considérer la transcription comme une mise en demeure pour prendre inscription. Les rédacteurs de la loi de 1855 ont mis une plus grande harmonie dans la législation, car, comme l'a dit la Faculté de Strasbourg, « la disposition de l'art. 834 serait une inconséquence dans le nouveau système, qui subordonne la transmission de la propriété à la transcription de l'acte d'acquisition sans attacher d'effet rétroactif à l'accomplissement de cette formalité » (2). Il est vrai qu'en refusant aux créanciers hypothécaires la faculté de s'inscrire encore après la transcription des

(1) Documents hypothécaires. — Cour de Montpellier, tome II, p. 732. — V. aussi t. I, p. 136 et t. II, p. 747.

(2) Ibid. Faculté de Strasbourg, t. III. p. 440.

actes translatifs de propriété, on les expose à perdre leur droit, s'ils se laissent devancer par les acquéreurs, mais il ne faut pas favoriser les créanciers hypothécaires au détriment des acquéreurs.

— De la suppression du délai de faveur par l'art. 6 § 3 de la loi du 23 mars 1855, il résulte que les inscriptions prises postérieurement à la transcription de l'acte d'aliénation, seront frappées d'inefficacité. Si cependant l'acquéreur n'a pas fait transcrire son contrat, les créanciers du précédent propriétaire conservent le droit de s'inscrire, car le vendeur est resté saisi à l'égard des tiers. Bien plus, ces créanciers primeront les créanciers de l'acquéreur, même s'ils se sont fait inscrire après eux. Ainsi, un acheteur avant d'avoir transcrit son titre, consent une hypothèque à Primus qui inscrit son droit; Secundus, inscrit ensuite une hypothèque qu'il tient du chef du vendeur : cette hypothèque primera celle de Primus. Cette solution a été contestée par quelques auteurs (1), qui disent que les créanciers du vendeur sont en faute de n'avoir pas rendu publique leur qualité; les admettre à primer les créanciers de l'acheteur inscrits avant eux, ce serait favoriser la fraude et rendre ces derniers victimes d'une négligence qui ne leur est pas imputable. La majorité des auteurs repousse cette solution : le droit des créanciers hypothécaires de l'acquéreur est en effet subordonné à l'acquisition par celui-ci de la propriété de l'immeuble. Or, la vente qui lui a été faite n'ayant pas été transcrite, elle n'est pas opposable aux créanciers hypothécaires du vendeur : à leur égard, le vendeur est resté propriétaire de la chose

______

(1) Flandin. De la transcription, II, 893. — Bressolles. De la transcription N° 48 et 81. — Cette question devait recevoir une solution différente sous l'empire du Code de procédure civile.

vendue, et les hypothèques constituées par l'acquéreur sont des droits consentis sur la chose d'autrui. Donc ces hypothèques ne peuvent produire aucun effet vis à vis des tiers intéressés à ce que le contrat d'acquisition soit rendu public. Quant à la fraude qu'on semble craindre, il est très facile de l'éviter ; il suffit pour cela de s'assurer, avant de prêter, que l'emprunteur a fait transcrire son titre de propriété.

— Que décider dans le cas où un créancier hypothécaire s'inscrit sur un immeuble le jour même où l'acquéreur de cet immeuble fait transcrire son titre ? Cette hypothèse, assurément très rare, a reçu les solutions les plus contradictoires. Les uns donnent la préférence au créancier, parce que le jour de la transcription appartient tout entier aux créanciers hypothécaires pour s'inscrire utilement. Les autres voudraient qu'on s'attache à l'ordre dans lequel les pièces remises par les parties ont été constatées sur le registre de dépôt du conservateur (Art. 2200). D'autres encore prendraient pour base de la préférence la date du titre constitutif. Enfin, quelques-uns accorderaient toujours la préférence à l'acquéreur à cause de la règle : *In pari causâ melior est causa possidentis.* — Le grand nombre de ces systèmes montre la difficulté d'arriver à une solution qui trouve une base solide dans les textes ; il serait bon, selon nous, que la question soit résolue législativement, et qu'alors on s'en réfère à l'ordre des mentions sur le registre de dépôt.

— Une dernière question à trancher et qui n'est certes pas la moins épineuse, est celle de savoir si la transcription, faite après plusieurs aliénations dont une n'a pas été transcrite, arrête le cours des inscriptions des hypothèques nées du chef des précédents propriétaires. Voici l'hypothèse : un immeuble a été vendu, et la vente n'a pas été transcrite ; l'acquéreur revend le même immeuble à une personne qui *fait transcrire son propre titre d'acquisition sans faire transcrire le premier :* quel est l'effet de cette transcription sur les hypothèques inscrites postérieurement et nées du chef du premier vendeur ?

En décidant que la transcription serait nécessaire pour rendre les mutations de propriétés opposables aux tiers, le législateur de 1855 a voulu que cette transcription porte à la connaissance des intéressés la mutation opérée. La transcription n'ayant pas été faite par le premier acquéreur, le vendeur est resté propriétaire vis à vis des tiers et vis à vis de ses créanciers hypothécaires. Le premier acquéreur n'avait donc qu'un droit de propriété relatif : il n'a pu transmettre qu'un droit de propriété de même nature en vertu de la maxime : « *nemo plus juris ad alium transferre potest quam ipse habet.* » Il s'en suit que la transcription du droit de propriété du second acquéreur ne peut le purger du vice qui le paralyse qu'en faisant opérer la transcription du titre du premier acquéreur. Dans le système allemand, où les registres publics sont investis de la force probante, il n'en serait pas ainsi, car le seul fait d'être inscrit sur le registre public comme titulaire d'un droit suffit à prouver l'existence de ce droit ; de plus, les registres y sont tenus par noms d'immeubles, et non, comme en France, par noms de propriétaires ; il en résulte que le créancier hypothécaire allemand qui demande au conservateur de le renseigner sur le sort de l'immeuble qui garantit sa créance, verra que l'immeuble est sorti aux yeux de tous du patrimoine de son débiteur. Dans le système français au contraire, où le nom du vendeur seul figure au répertoire du registre, il ne sera pas possible au créancier hypothécaire de se renseigner, car la première vente n'a pas été transcrite.

L'art. 6 de la loi du 23 mars 1855 corrobore complètement cette manière de voir : « à partir de la transcription,
dit-il, les créanciers ne peuvent prendre inscription sur
le *précédent* propriétaire. » La transcription n'arrête
donc le cours des inscriptions *que sur le précédent
propriétaire*, c'est-à-dire, dans l'espèce qui nous occupe,
sur le premier acquéreur, mais non sur les propriétaires
antérieurs (et particulièrement sur le vendeur originaire
dont le créancier hypothécaire est l'ayant-cause).

Enfin, il est une considération pratique qui appuie très
fortement le système que nous avons adopté ; c'est que
entre un sous-acquéreur qui « néglige de vérifier si le
titre de son vendeur a été transcrit et commet ainsi une
grave imprudence, » et un tiers (acquéreur ou créancier
hypothécaire) qui traite avec le vendeur originaire, resté
propriétaire aux yeux de tous par suite du défaut de
transcription , et qui par conséquent n'a rien à se
reprocher, il faut évidemment préférer ce dernier, qui
pourrait « être victime de la confiance qu'il avait dans la
loi elle-même, si le sous-acquéreur devait l'emporter
sur lui. » (1).

B. *Expropriation forcée.* — Sous l'empire du Code
civil, les créanciers hypothécaires, au cas d'expropriation
forcée perdaient le droit de s'inscrire *par le fait seul de
l'adjudication* prononcée ; car le Code n'avait pas exigé
la transcription pour les expropriations forcées pas plus
que pour les aliénations volontaires. Il en était de

___

(1) Voir Aubry et Rau, tome II, § 209, note 99, page 317.— Baudry
et de Loynes II, Nº 1555, Mourlon II, 447 à 450, 595 et suiv. —
Dans l'opinion contraire on a invoqué les travaux préparatoires de
la loi de 1855, mais l'argument qu'en en tire est peu probant ;
l'opinion émise par un membre de commission ne peut suffire à
modifier le sens d'un texte. V. Flandin, t. II, Nº 885.

même sous le code de procédure, qui n'avait modifié les principes du Code que relativement aux ventes volontaires.

Depuis la loi du 23 mars 1855, on s'accorde à décider au contraire, que les créanciers hypothécaires conservent le droit de s'inscrire *jusque la transcription du jugement d'adjudication*. On admet en effet que l'art. 6 de cette loi régit non seulement les aliénations volontaires mais aussi les expropriations sur saisie immobilière. Par conséquent, les créanciers inscrits dans l'intervalle qui sépare le jugement d'adjudication et la transcription de ce jugement, conservent leur hypothèque, mais seulement quant au droit de préférence : on sait en effet qu'aux termes de l'art. 717 du code de procédure (*in fine*, modifié par la loi du 21 mai 1858) « le jugement d'adjudication dûment transcrit purge toutes les hypothèques grevant l'immeuble adjugé », comme cela se passait dans notre ancien droit en vertu de la règle « Décret forcé nettoie toutes les hypothèques. »

C. *Expropriation pour cause d'utilité publique.* — Les principes du Code civil s'appliquaient à cette matière, et par suite les inscriptions ne pouvaient être prises que jusqu'au jour du jugement d'expropriation. La réforme du Code de procédure ne fut étendue à ces jugements que par une loi spéciale du 7 juillet 1833, art. 16 et 17, dont les dispositions ont été reproduites par les art. 16 et 17 de la loi du 3 mai 1841. Par suite, les hypothèques grevant les biens expropriés pour cause d'utilité publique purent être inscrites, même après le jugement d'expropriation, jusqu'à l'expiration de la quinzaine qui suivait la transcription de ce jugement.

Ces dispositions réglementent encore aujourd'hui les expropriations pour cause d'utilité publique auxquelles la loi du 23 mars 1855 n'est pas applicable. Il ressort en effet des déclarations des commissaires du gouvernement à la commission du Sénat, « qu'il n'était nullement dérogé à la loi du 3 mai 1841, qu'ainsi les délais accordés par cette loi aux parties intéressées étaient intégralement maintenus. » D'autre part, l'opinion contraire ne peut trouver un point d'appui dans les textes : on ne peut faire rentrer les jugements d'expropriation dans le 4° art. 1 de la loi 1855, car un jugement d'expropriation n'est pas un jugement d'adjudication ; ni dans le 1° du même article car les actes qui y sont visés sont les actes volontaires par opposition aux jugements d'adjudication, et le jugement d'expropriation n'est pas un acte volontaire (1).

Les jugements d'expropriation éteignent le droit de suite comme les jugements d'adjudication ; l'inscription prise dans le délai de quinzaine qui suivra la transcription du jugement d'expropriation n'aura pour effet que de conserver le droit de préférence du créancier hypothécaire, qui sera reporté sur l'indemnité.

2. *Faillite du débiteur*. — La faillite du débiteur exerce une grande influence sur les hypothèques grevant ses biens. D'abord elle met un obstacle insurmontable à la constitution de nouvelles hypothèques par le failli ; ensuite, elle empêche d'inscrire les hypothèques valablement constituées.

Il lui serait trop facile de tromper les tiers et de favoriser certains créanciers au détriment des autres, si le failli pouvait encore, après le jugement déclaratif, accorder des garanties spéciales à ses créanciers. La disposition de l'art. 446 (al. 4) du Code de commerce se comprend donc parfaitement ; à partir du jugement déclaratif de

____

(1) V. Aubry et Rau II p. 297 § 209 note 43. — Baudry et de Loynes v° II n° 1558. — Contrà, Flandin op. cit. n° 599.

faillite, le failli est dessaisi de l'administration de ses biens, il ne peut plus ni les aliéner ni les hypothéquer. Néanmoins l'hypothèque qu'il constituerait à ce moment ne serait nulle qu'à l'égard de la masse des créanciers ; à son égard, elle serait pleinement valable.

Relativement aux inscriptions d'hypothèques constituées valablement, la législation a varié. Sous l'empire du Code civil, il suffisait qu'une inscription ait été prise « dans le délai pendant lequel les actes faits avant l'ouverture des faillites sont déclarés nuls » (art. 2146 al. 1 in fine), pour que cette inscription ne produise aucun effet. Cette disposition rigoureuse ne fut pas changée par le Code de commerce ; il fallut attendre jusque la loi du 28 mai 1838 pour y voir apporter quelques adoucissements. Cette loi distingue entre les inscriptions prises *après le jugement déclaratif de faillite* (ou le jour de ce jugement) et les inscriptions *prises durant la période suspecte*. Les premières sont déclarées nulles dans tous les cas ; les secondes peuvent être annulées par le Tribunal de commerce : la période suspecte comprend l'espace de temps qui sépare le jugement déclaratif de faillite de l'époque fixée pour la cessation des paiements et les dix jours qui précèdent ; pourront donc être annulées les inscriptions prises durant cette époque, mais seulement, « s'il s'est écoulé plus de quinze jours entre la date de l'acte constitutif de l'hypothèque et celle de l'inscription. » (Art. 448 du Code de commerce, al. 2).

Quel est le fondement de l'annulation de ces inscriptions ? — Il est à craindre qu'un commerçant en état de cessation de paiements ou sur le point d'y être, pût conserver jusqu'au jugement déclaratif l'apparence d'un crédit qu'il n'a pas en réalité, grâce à la complicité de quelques créanciers hypothécaires qui retardent de prendre leurs inscriptions. Si l'on autorisait ces créanciers à s'inscrire jusqu'au moment de la liquidation générale, la masse des créanciers pourrait se voir enlever la meilleure partie du gage sur lequel elle pouvait compter légitimement. — De plus, la loi n'a pas voulu favoriser les créanciers les plus rapprochés du domicile du failli, qui sont plus à même de connaître l'état de ses affaires.— Enfin, le Code ayant décidé que le failli serait dessaisi de son patrimoine après le jugement déclaratif, les droits de chacun doivent être irrévocablement fixés par ce jugement.

Il résulte donc de l'art. 448 du Code de commerce, que l'on peut s'inscrire jusqu'au jour du jugement déclaratif de faillite, sous réserve de l'appréciation laissée aux tribunaux relativement aux inscriptions prises pendant la période suspecte, et que l'on peut s'inscrire seulement jusque-là. L'inscription prise le jour même du jugement serait tardive, et serait frappée de nullité.

— Seuls les créanciers du failli peuvent invoquer les diverses nullités prononcées par les art. 446 et 448 du Code de commerce. Le failli ne peut pas opposer l'inefficacité de ces actes; par conséquent, s'il obtient un concordat auquel n'a pas participé le créancier hypothécaire tardivement inscrit, il ne pourra demander la radiation de cette inscription en offrant de payer le dividende convenu par le Concordat (1).

— La prescription de l'art. 448 (Co.) s'applique sans difficulté aux hypothèques conventionnelles et judiciaires, ainsi qu'aux hypothèques légales assujetties à la formalité de l'inscription. Mais on ne peut l'appliquer aux hypothèques légales des mineurs et de la femme mariée qui sont opposables aux tiers sans avoir été inscrites (art. 2135). La loi du 23 mars 1855 (art. 8) a assu-

_____

(1) Req. 10 fév. 1863. D. 63 — 1 — 300.

jetti ces hypothèques à la formalité de l'inscription, lorsque la tutelle ou le mariage ont pris fin. On peut se demander alors si l'art. 448 (Co.) ne devient pas applicable à ces inscriptions, en cas de faillite du mari ou du tuteur. Il y a lieu de distinguer à notre avis suivant que le mineur, l'interdit ou la femme mariée se trouvent encore dans le délai fixé par la loi de 1855. Si oui, le jugement de faillite n'aura aucun effet sur les inscriptions d'hypothèques légales prises soit avant soit après sa prononciation, car pendant ce délai la faveur de la loi leur est conservée : l'inscription doit dans ce cas être assimilée à un renouvellement d'inscription non périmée. — Si non, l'hypothèque de l'incapable devient soumise au droit commun, et par suite l'art. 448 lui sera applicable : les inscriptions prises après le jugement de faillite seront nulles ; celles prises après la date de la cessation des paiements, ou dans les dix jours qui précèdent, pourront être annulées par le tribunal. Il est vrai que l'art. 458 décide que, pour que cette annulation soit possible, il faut qu'il se soit écoulé plus de 15 jours entre la date de l'acte constitutif et la date de l'inscription. Mais on peut considérer l'expiration du délai de l'art. 8 comme le point de départ de ce délai de quinzaine ; de plus, le retard apporté à l'inscription peut induire les tiers en erreur sur la solvabilité du mari ou du tuteur et être le résultat d'une entente frauduleuse (1).

— Le jugement déclaratif de faillite n'aura aucune influence sur les inscriptions prises en garantie des intérêts d'une créance valablement inscrite ; ni sur les inscriptions prises en renouvellement ; ni sur les inscriptions que prendraient les créanciers du vendeur du failli, si celui-ci n'a pas fait transcrire la vente.

(1) Bordeaux, 4 avril 1876. Sir. 77. 2. 257. — Rouen, 17 juin 1869. D. 72. 2. 215.

— Certaines situations sont assimilables à la faillite : la déconfiture et la cession de biens. Faut-il étendre à ces hypothèses les dispositions que prescrit le Code de commerce relativement à la faillite ?

D'abord, on ne peut appliquer l'art. 448 au cas de déconfiture. Il n'y a pas, en effet, de moyens légaux pour déterminer l'époque de la déconfiture, comme il y en a pour la faillite ; de plus, lorsque la loi a assimilé la déconfiture à la faillite, elle s'en est expliquée expressément (1). Enfin, il est de principe que les nullités ne doivent pas être étendues à d'autres cas que ceux prévus par la loi. Cette opinion est admise par la presque unanimité des auteurs (2).

Relativement à la cession de biens, la question paraît plus délicate parce que, contrairement à la déconfiture, la cession de biens a un point de départ bien déterminé. Mais l'art. 448 du Code de commerce, comme l'art. 2146 du Code civil, sont des articles exceptionnels ; ils ont prévu le cas de faillite, et la cession de biens n'est pas la faillite. Bien que ces deux situations présentent quelques ressemblances, elles ne sont pas identiques ; on ne peut donc pas étendre d'un cas à l'autre les dispositions qui n'ont été établies que pour un seul. Il en résulte que les créanciers hypothécaires conservent le droit de s'inscrire même après que le débiteur a fait cession de ses biens ; toutefois, si les créanciers hypothécaires avaient été parties au contrat d'abandonnement ou au jugement qui admet la cession, il pourrait dépendre des termes de la convention que les inscriptions soient inefficaces. C'est ce qui arriverait si les parties étaient convenues que les droits des créanciers seraient réglés d'après l'état où ils

(1) Art. 1446, 1673, 2032 du Code civil.

(2) Aubry et Rau, t. III, § 272, 3°, — Baudry et de Loynes II, n° 1569.

se trouvaient au moment de la convention. Il y aurait là une question de consentement à faire apprécier par le juge (1).

3. — *Acceptation sous bénéfice d'inventaire de la succession du débiteur*. — Lorsque le débiteur vient à mourir et que ses héritiers n'acceptent sa succession que sous bénéfice d'inventaire, ses créanciers hypothécaires ne peuvent plus s'inscrire utilement ; la mort de ce débiteur arrête le cours des inscriptions. Le législateur a en effet considéré l'acceptation sous bénéfice d'inventaire comme étant la conséquence de l'insolvabilité du défunt, et il a cru bon d'assimiler cette situation au cas de faillite du débiteur. L'acceptation bénéficiaire présentant avec la faillite certaines analogies, il a pensé que le sort des créanciers devait être définitivement fixé d'après l'état de choses existant au jour du décès, et que, dès ce moment, aucun d'eux ne doit plus obtenir, au préjudice des autres, un droit de préférence sur la chose commune. Dans ce cas, comme dans le cas de faillite, il était à craindre que les créanciers voisins du lieu de l'ouverture de la succession puissent prendre inscription sitôt le décès et se procurer ainsi une garantie préjudiciable aux autres créanciers.

Cette explication nous suffit à peine, car il est souverainement injuste que la mort du débiteur qui a constitué l'hypothèque, suivie de l'acceptation bénéficiaire de sa succession, enlève au créancier la possibilité de conserver un droit valablement acquis. Un fait indépendant de sa volonté va cependant lui retirer la facilité de profiter de la convention qu'il a régulièrement faite ; il se trouvera livré à la merci de l'héritier du débiteur qui pourra à son gré faire tomber les inscriptions prises depuis le décès.

(1) Baudry et de Loynes II, p. 646.

La règle posée par la loi pourrait à la rigueur se comprendre lorsque le créancier s'est rendu coupable de négligence, mais est-ce le cas ? Le créancier le plus vigilant peut être surpris par la mort inattendue de son débiteur.

La disposition qui nous occupe a disparu dans la loi belge de 1851, qui limite à un délai de trois mois après le décès, la faculté de prendre utilement inscription. Chez nous, lors des discussions législatives qui se sont produites de 1849 à 1851, il a été question de la supprimer purement et simplement (1).

— L'art. 2146 al. 2 contient une disposition critiquable non seulement quant au fond, mais quant à l'étendue de ses applications. Il y a en effet des cas où l'acceptation bénéficiaire est imposée par la loi : succession échue à un mineur (art. 461), succession échue à une personne qui est décédée avant d'avoir pris partie et dont les héritiers sont en désaccord sur l'option à faire (art. 782). On ne peut pas dire que dans ces hypothèses, l'acceptation bénéficiaire fait présumer l'insolvabilité du débiteur, et pourtant l'art. 2146 ne fait aucune distinction et s'applique à tous les cas d'acceptation bénéficiaire ; et si l'on veut motiver quand même cette disposition par une présomption d'insolvabilité, on remarquera que la loi donne, comme le dit M. Colmet de Santerre, plus d'effet à la présomption d'insolvabilité qu'à l'insolvabilité elle-même duement constatée. Cette opinion est celle de l'unanimité des auteurs (2).

M. Colmet de Santerre a essayé de légitimer la disposition de l'art. 2146, al. 2, d'une autre façon : « l'inscription, dit-il, est comme la confirmation de l'hypothèque ; or la confirmation ne peut avoir lieu quand

(1) Rapport de M. de Vatimesnil à l'Assemblée législative de 1849.
(2) Grenier était pourtant de l'avis contraire. I, n° 122.

la constitution serait impossible. L'héritier bénéficiaire ne pourrait pas, sans abdiquer sa qualité, constituer une hypothèque, or la loi ne peut pas le dépouiller de sa qualité, parce qu'un créancier prendrait une inscription; donc l'inscription ne peut pas avoir l'effet confirmatif qu'elle a de sa nature, puisqu'elle a pour but de faire naître de façon effective le droit de préférence (1). » Cette interprétation est assez ingénieuse, mais nous doutons que telle ait été véritablement la pensée du législateur. On ne peut dire, en effet, que l'inscription soit la confirmation de l'hypothèque : l'hypothèque a une existence indépendante de cette inscription vis à vis des parties; une fois que l'hypothèque a été valablement constituée par un contrat authentique, le débiteur n'a plus à intervenir, et le créancier peut prendre inscription sans le consentement et sans le concours du débiteur. Peut-on voir alors la confirmation d'un acte par une personne dans l'accomplissement d'un fait qui lui est absolument étranger? S'il est vrai de dire que l'héritier bénéficiaire ne pourrait constituer une hypothèque sans abdiquer sa qualité, il est inadmissible de considérer l'inscription de cette hypothèque qui est l'œuvre du créancier seul, comme pouvant lui enlever le bénéfice du parti qu'il a pris. Nous ajouterons que si le motif invoqué par M. Colmet de Santerre était exact, on verrait bien des cas où les inscriptions ne seraient plus possibles : par exemple, l'inscription d'une hypothèque valablement constituée par une femme mariée avant son mariage; il faudrait décider dans ce cas que cette femme pourrait empêcher le créancier de prendre son inscription, parce qu'elle n'aurait plus la capacité nécessaire pour la concéder.

(1) Colmet de Santerre. *Cours analytique du Code civil.* Tome IX, N° 119 bis I, p. 250.

D'autres auteurs ont trouvé une justification légale de la disposition qui nous occupe, dans cette idée que l'acceptation bénéficiaire, volontaire ou forcée, fixait d'une manière définitive le gage des créanciers; le patrimoine du débiteur étant désormais immuablement fixé, n'ayant plus aucune chance d'accroissement ni de diminution, et la personne du débiteur n'étant plus continuée, il convient de régler les droits de chacun d'après l'état de son patrimoine au moment du décès (1). Cette explication, qui est la plus satisfaisante de toutes celles qui ont été proposées, ne fait pas disparaître l'injustice qui se trouve au fond de la disposition de l'art. 2146, al. 2. Aussi serions-nous bien de l'avis de ceux qui en ont proposé la suppression.

— La règle posée par l'art. 2146, al. 2, constitue une disposition tout à fait exceptionnnelle; aussi l'interprète doit-il s'efforcer de limiter son application à tout ce qui rentre évidemment dans ses termes, et d'écarter ce qui n'y serait pas compris d'une façon précise, car toutes les dispositions exceptionnelles doivent être interprétées rigoureusement : *exceptio est strictinimæ interpretationis.* Nous basant sur ce principe, nous déciderons que le créancier, qui s'est inscrit avant que l'héritier ait pris parti, verra son inscription perdre son effet par suite de l'acceptation bénéficiaire de cet héritier dont le parti rétroagit au jour de l'ouverture de la succession (Art. 777), mais si dans la suite cet héritier vient à changer d'avis et accepte purement et simplement, l'inscription sera parfaitement valable (2). Nous déciderons aussi que dans le cas où une succession est acceptée par certains héritiers

(1) Aubry et Rau. III, § 272, note 30, p. 333. — Baudry et de Loynes. II, N° 1574.

(2) Grenoble 26 déc. 1891. D. 91. 2.33. Cette Cour a cependant décidé le contraire.

purement et simplement, et par d'autres sous bénéfice
d'inventaire, les inscriptions prises sont toujours valables :
le texte de la loi, qui doit être rigoureusement inter-
prété, pose, en effet, la règle que les inscriptions prises
après le décès d'une personne ne seront annulées que si
« la succession *n'est acceptée que* sous bénéfice d'inventaire », ce qui semble supposer que la nullité est subordonnée à ce fait que les héritiers prennent un parti
uniforme.

Enfin le principe de l'interprétation restrictive, qui
doit servir de base à toutes les discussions relatives à
l'art. 2146 al. 2, nous conduit encore à décider que les
inscriptions prises dans le cas où l'héritier renoncerait à
la succession seraient pleinement valables ; il en serait
de même au cas de vacance de la succession. Ce dernier
point est cependant contesté, à cause de la grande
analogie qui existe entre l'hypothèse que prévoit la loi
et le cas d'une succession vacante. Mais un argument
d'analogie suffit-il pour étendre ainsi une disposition qui
déroge au droit commun et qui a un caractère aussi
exceptionnel ? (1).

Il peut arriver que les créanciers du défunt aient
demandé la séparation des patrimoines ; ce fait n'aurait
pas pour conséquence l'application de la règle posée
par l'art. 2146 al. 2 : la séparation des patrimoines règle
les rapports des créanciers de la succession avec les
créanciers de l'héritier, mais elle ne doit apporter aucun
changement à la situation des créanciers héréditaires les
uns vis-à-vis des autres. Ceux-ci conservent la plénitude
de leurs droits et peuvent prendre toutes les mesures
capables de les sauvegarder. Dans cette hypothèse, la
succession a d'ailleurs été acceptée purement et simple-

(1) Baudry-Lacantinerie. Précis de droit civil III, page 838, n°
1379. — Mourlon, Tr. de la transcription II, n° 660.

ment : il n'y a donc pas lieu d'appliquer l'art. 2146 al. 2 qui prévoit le cas d'une succession acceptée sous bénéfice d'inventaire.

La prohibition de l'art. 2146 al. 2 s'applique aux hypothèques conventionnelles et judiciaires, ainsi qu'aux hypothèques légales pour lesquelles l'inscription est toujours nécessaire. Quant aux hypothèques légales des mineurs et des femmes mariées, sous l'empire de la loi du 23 mars 1855, elles peuvent être inscrites pendant toute l'année qui suivra la dissolution du mariage ou la cessation de la tutelle, alors même que pendant cette année, le tuteur ou le mari serait décédé et que sa succession aurait été acceptée sous bénéfice d'inventaire.

Pour terminer cette matière nous dirons que pas plus que la faillite, l'acceptation bénéficiaire ne ferait obstacle à l'inscription prise en renouvellement d'une autre inscription non encore périmée, ni à l'inscription destinée à garantir les intérêts d'une créance hypothécaire légalement inscrite.

CHAPITRE III.

PRÉLIMINAIRES DE L'INSCRIPTION (*suite*).
DES FORMALITÉS DE L'INSCRIPTION ET DES DIVERSES ÉNONCIATIONS QU'ELLE DOIT CONTENIR.

Nous savons quelles sont les personnes qui peuvent requérir l'inscription, où et quand l'inscription doit être prise. Il faut que nous parlions maintenant des diverses pièces que devra produire la personne qui requiert une inscription, et des formalités à remplir. Nous étudierons d'abord *le bordereau*, qui est la base même de l'inscription et qui sert à réaliser la publicité ; nous verrons comment il doit être rédigé et les diverses énonciations qu'il doit contenir. Ensuite nous passerons à l'examen des diverses formalités requises pour obtenir l'inscription.

SECTION 1. — **Du Bordereau d'inscription.**

Le bordereau est le principal élément de notre mode de publicité des hypothèques ; copié intégralement sur le registre du conservateur (1), il doit renfermer tous les renseignements nécessaires ou utiles aux tiers intéressés. On conçoit dès lors que la loi ait énuméré en détail les diverses énonciations qu'il doit contenir. C'est l'art. 2148 qui contient l'énumération de ces diverses mentions.

(1) Décision ministérielle du 11 février 1865.

L'inscription, et par conséquent le bordereau dont elle est la reproduction littérale, doit contenir :

1° *Les nom, prénoms, domicile du créancier, sa profession s'il en a une, et l'élection d'un domicile pour lui dans un lieu quelconque de l'arrondissement du bureau* (art. 2148-1°). La désignation du créancier hypothécaire dans l'inscription n'a pas d'intérêt pour les tiers, sauf cependant lorsqu'ils désirent faire opérer la radiation ou la réduction d'une inscription (art. 2159 et 2161). Elle n'en présente pas davantage pour le débiteur. Mais le créancier a un grand intérêt à ce que son nom figure dans l'inscription afin qu'on puisse lui faire parvenir les diverses sommations et notifications qui peuvent lui être adressées (notification à fin de purge (art. 2183), sommation pour produire à l'ordre (art. 753 Pr. civ.), assignations en radiations (art. 2156), sommation d'avoir à prendre connaissance du cahier des charges en matière d'expropriation forcée (art. 692-1° C. Pr. civ.). Pour que ces divers actes de procédure ne fassent pas fausse route, il importe que la personne du créancier soit clairement individualisée dans l'inscription par ses nom, prénoms et profession.

L'indication du *domicile réel* aura aussi son utilité ; elle contribuera à compléter la désignation du créancier et à indiquer au débiteur ou à ses mandataires l'endroit exact où devront se faire les offres réelles à fin de paiement ; de plus, en matière de radiation ou de mainlevée prononcées par justice, elle permettra de faire les significations requises par l'art. 548 du Code de Procédure. — La loi prescrit en outre au créancier de désigner un lieu quelconque de l'arrondissement du bureau qui lui servira de *domicile élu* : c'est à domicile que devront se faire les diverses notifications dont nous parlions plus haut. La nécessité pour le créancier d'élire domicile dans l'arrondissement du bureau s'impose, en présence des termes absolus employés par le législateur, même lorsque le créancier a déjà son domicile réel dans cet arrondissement ; sauf au créancier à élire son domicile au lieu même où se trouve ce domicile réel. Mais contrairement à ce qu'a décidé un arrêt de la Cour de Cassation, nous ne croyons pas que le créancier doive être présumé avoir élu domicile à son domicile réel, dans le cas où il a gardé le silence sur ce point (1). Il ne peut y avoir de présomption légale sans que la loi en ait parlé.

Une première élection de domicile ne lie pas le créancier d'une manière irrévocable pas plus qu'elle ne lie ses héritiers ou ayants-cause. L'art. 2152 du Code civil autorise le créancier à changer sur le registre des hypothèques le domicile par lui élu, à la charge d'en choisir et indiquer un autre dans le même arrondtssement. » Pour changer un domicile élu, il faut donc en indiquer un autre ; sans cela l'inscription deviendrait incomplète, et pourrait devenir inefficace (du moins dans l'opinion de ceux qui pensent que l'élection de domicile est une énonciation substantielle de l'inscription). — Lorsque c'est un cessionnaire qui veut changer le domicile élu par le créancier, la loi exige qu'il soit muni d'un acte de cession authentique. La loi se défie avec raison des actes sous seing privé, dans lesquels la fraude aime à se réfugier ; cependant, comme cette exigence n'a pour but que de sauvegarder les intérêts du créancier, un acte de cession sous seing privé pourrait, selon nous, être accepté par le conservateur, sans engager sa responsabilité ; pourvu que la requête faite à fin de changer le domicile élu soit opérée par le cessionnaire avec le concours du créancier (2).

(1) Cass. 14 janvier 1863. D. 63, 1, 101.
(2) Baudry. Lacantinerie et de Loynes, II, N° 1641.

— Nous savons maintenant que l'inscription doit être requise au nom du créancier dont la personne est individualisée conformément à l'art. 2148, 1°. Mais le titulaire de la créance peut changer, soit par suite de la mort du créancier originaire, soit par suite d'une cession ou d'une délégation qu'il aurait consentie ; que faire alors ?

Si le titulaire de la créance est décédé, il est certain que pendant la durée de l'indivision, l'inscription peut être requise au nom du créancier défunt et qu'après le partage, l'inscription pourra être prise au nom de l'héritier qui aura la créance hypothécaire dans son lot. Mais nous pensons que même après le partage, cette inscription pourra encore être prise sous le nom du créancier défunt ; l'art. 2149 nous fournit en faveur de cette opinion un puissant argument d'analogie. Ce texte décide en effet que l'on pourra inscrire sous le nom du débiteur décédé les hypothèques grevant ses biens. Pourquoi en serait-il autrement pour le créancier ? On ne le comprendrait pas, d'autant plus qu'une énonciation ainsi faite ne pourra jamais avoir de graves conséquences pour les tiers, tandis qu'il peut en être autrement à propos du débiteur, dont les tiers ont un intérêt considérable à connaître la désignation exacte. En vertu des principes généraux, il était possible de décider que l'inscription pourrait être prise au nom du créancier décédé, mais il fallait un texte formel pour permettre de prendre inscription sous le nom du débiteur défunt, car on expose ainsi le conservateur à fournir des certificats négatifs sur le compte des héritiers du débiteur.

Si la créance a été cédée, le cessionnaire peut requérir l'inscription soit en son nom soit au nom du cédant. Il peut même ne pas requérir d'inscription nouvelle et se contenter de celle faite par le cédant. La loi est muette sur ce point, il faut donc l'admettre, car ce qu'elle ne défend pas est permis. Cependant une nouvelle inscription prise au nom et à la requête du cessionnaire, aurait pour effet de le mettre à l'abri des manœuvres d'un cédant de mauvaise foi, qui, sans cette formalité pourrait concéder frauduleusement une mainlevée au débiteur, et faire tomber ainsi l'hypothèque, ou bien encore consentir une autre cession. — Le cessionnaire peut prendre inscription de l'hypothèque en son nom propre, même lorsque la cession n'a pas encore été signifiée au débiteur ou acceptée par lui dans un acte authentique. La créance cédée devient la propriété du cessionnaire par le seul effet du consentement, et bien que cette cession ne devienne opposable au débiteur et aux tiers que par l'accomplissement des formalités prescrites par l'art. 1690 du Code civil, on ne peut empêcher le cessionnaire de prendre inscription avant ce moment, car l'inscription est simplement une mesure conservatoire qui profitera à celui qui sera reconnu propriétaire. (1).

Le cessionnaire non muni d'un acte authentique peut requérir l'inscription ; la loi n'exige pas ici comme pour le changement de domicile (art. 2152) un acte de cession authentique. On admet un tiers quelconque, même sans titre, à requérir les inscriptions, pourvu qu'il soit porteur de l'acte constitutif de l'hypothèque ; on doit admettre aussi à plus forte raison qu'un cessionnaire peut le faire.

S'il y a eu délégation de la créance hypothécaire, le délégataire a la faculté d'inscrire cette créance en son nom, mais seulement lorsqu'il a accepté la délégation expressément ou tacitement. En effet, dit la cour de

______

(1) Aubry et Rau III, p. 718 § 270. — Baudry-Lacantinerie et de Loynes II, n° 1611. La jurisprudence avait d'abord hésité à trancher la question dans ce sens (Paris 10 ventôse an XII, Sirey 4, 2, 179) mais elle ne tarda pas à revenir sur cette première décision. Depuis la jurisprudence est constante.

cassation dans un arrêt de 1810 « l'indication d'une personne pour recevoir paiement ne forme pas un titre de
créance au profit de cette personne, tant qu'elle n'a pas
été acceptée par elle » (1). L'inscription prise par le
délégataire avant d'avoir accepté la délégation, ne serait
pas nulle cependant, car nous avons vu que les créanciers du titulaire de l'hypothèque ont le droit de requérir
les inscriptions au nom de celui-ci (1166 C. civ.. 775
C. pr.). mais il faudrait pour cela que l'inscription contienne la désignation du véritable créancier conformément à l'art. 2148-1°, et qu'elle ne soit pas prise exclusivement au nom du créancier légataire.

L'inscription prise par les créanciers du titulaire de
la créance en vertu de l'art. 1166 du Code civil et de
l'art. 775 du Code de procédure, doit être prise au nom
du débiteur dont ils exercent les droits : l'inscription doit
être prise au nom du titulaire de la créance et non au
nom des créanciers de celui-ci (2148-1°). Ceux-ci agissent
dans l'intérêt collectif de tous les créanciers du même
débiteur ; on ne peut leur donner le moyen de se procurer d'une façon quelconque un droit de préférence.

« 2° *Les nom, prénom, domicile du débiteur, sa profession, s'il en a une connue, ou une désignation individuelle et spéciale, telle, que le conservateur puisse
reconnaître et distinguer dans tous les cas l'individu
grevé d'hypothèque* » (art. 2148-2°). Si l'on compare le
1° et le 2° de l'art. 2148, on peut s'apercevoir qu'il y a

---

(1) Cass. 21 févr. 1810. L'acceptation de la délégation peut être
expresse ou tacite : Poitiers, 15 juillet 1882, et sur pourvoi, Req.
5 février 1884. D. 84, 1367. La jurisprudence ne l'a pas toujours
admis, mais, depuis 1832, elle n'a pas varié sur ce point. — Le fait
de prendre inscription ne pourrait être considéré comme une acceptation tacite, car le créancier du délégant avait déjà ce droit en vertu
de l'art. 1166.

une grande différence de rédaction entre ces deux parties
de l'article. La loi semble se montrer moins exigeante
pour la désignation du débiteur que pour celle du créancier, puisque l'article 2148-2°, comme l'article 2153-2°,
autorise les requérants à ne désigner le débiteur que
d'une façon précise ; il suffit que le débiteur grevé de
l'hypothèque soit reconnaissable. La désignation du
débiteur a pourtant une importance beaucoup plus considérable que l'indication du créancier : non seulement le
créancier et les tiers y ont intérêt, mais aussi le conservateur lui-même. On sait en effet que nos registres publics
sont tenus par noms de grevés, il importe donc au conservateur d'être éclairé exactement sur ce point, car
c'est lui qui délivre les états constatant la situation
hypothécaire des immeubles, et il faut qu'il connaisse
exactement le nom de l'individu au compte duquel il
doit faire l'inscription.

On peut cependant s'expliquer le motif qui a guidé le
législateur en cette occasion : le créancier qui requiert
ou fait requérir l'inscription, ne doit éprouver aucune
difficulté pour donner les indications nécessaires à la
désignation de sa personne, tandis qu'il peut ignorer en
partie les énonciations qui servent à individualiser le
débiteur. Mais comme la désignation du créancier a une
importance beaucoup moins grande que celle du débiteur
il convient de décider, suivant l'opinion unanime de la
doctrine et de la jurisprudence, qu'il ne faut pas appliquer l'art. 2148-1° d'une façon trop rigoureuse, et d'admettre aussi le système des équipollents pour la désignation du créancier.

— C'est la personne dont les biens sont grevés de
l'hypothèque qui doit être désignée dans l'inscription ;
que cette personne soit le débiteur principal, ou qu'elle
n'intervienne qu'en qualité de caution garantissant la

dette d'autrui par une hypothèque concédée sur ses propres biens, peu importe. Si l'immeuble grevé a été aliéné depuis la constitution d'hypothèque, l'inscription ne peut pas être prise seulement sur l'acquéreur ; le nom du précédent propriétaire, du constituant, doit aussi figurer dans l'inscription. L'art. 2148-2° le désigne en effet par les mots : débiteur, individu grevé d'hypothèque. L'indication du nom du constituant est en effet nécessaire pour permettre aux tiers de vérifier la validité de la constitution ; ce qui leur serait impossible si l'inscription ne contenait que le nom du tiers détenteur.

Si le constituant était mort, le créancier hypothécaire pourrait inscrire son droit contre tous les héritiers désignés individuellement ; mais, comme il pourrait être impossible au créancier de les connaître tous par leur nom, prénom et profession, la loi décide dans l'art. 2149, que l'inscription pourra être prise sous la simple désignation du défunt ; l'inscription ne serait même pas viciée si l'on avait omis d'y mentionner le décès du débiteur originaire. Il aurait été injuste de faire dépendre l'exercice d'un droit et sa conservation, de la connaissance de certains faits, comme le décès du constituant, ou le nombre et la qualité des héritiers, faits que le créancier peut très légitimement ignorer (1).

3° « *La date et la nature du titre* » (2148-3°). Cette indication offre pour les tiers une assez grande utilité :

(1) Une instruction ministérielle en date du 12 mai 1883, intervenue à la suite d'une pétition adressée à la Chambre des Députés, recommande aux notaires d'apporter la plus grande précision dans les indications relatives à la personne du débiteur : indiquer d'abord le nom patronymique tel qu'il est énoncé en l'acte de naissance, puis les prénoms, puis les sobriquets, noms de terre, etc. Elle rappelle aux notaires l'observation rigoureuse de l'article 13 de la loi de ventôse. — *Revue du Notariat et de l'Enregistrement*, 1883 n° 6711.

la date leur permet d'apprécier la capacité juridique des parties au moment du contrat (minorité d'une des parties) et aussi d'examiner si le titre n'est pas prescrit ; l'indication de la *nature* du titre renseignera les tiers sur l'étendue du droit hypothécaire (hypothèque légale, judiciaire ou conventionnelle), sur la nature du droit en lui-même (hypothèque ou privilège) et sur la cause de l'hypothèque (vente, jugement, obligation).

Le titre, c'est le contrat qui constate la constitution de l'hypothèque. S'il y a eu cession de la créance hypothécaire, l'acte de cession n'a pas besoin d'être relaté ; si l'hypotbèque a été consentie par un tiers en qualité de caution, l'acte d'obligation du débiteur principal n'a pas besoin d'être mentionné dans l'inscription, mais l'acte par lequel la caution a constitué l'hypothèque sur son bien ; si le titre a été renouvelé, l'énonciation du titre primitif est seule nécessaire.

« 4° *Le montant du capital des créances exprimées dans le titre ou évaluées par l'inscrivant pour les rentes et prestations, ou pour les droits éventuels, conditionnels ou indéterminés, dans les cas où cette évaluation est ordonnée ; comme aussi le montant des accessoires de ces capitaux et l'époque d'exigibilité.* (2148-4°). La première de ces énonciations, l'indication du montant de la créance est une des parties essentielles de l'inscription ; c'est cette énonciation qui réalise la *spécialité quant à la créance*, spécialité qui révèlera aux tiers les limites dans lesquelles l'immeuble est atteint, et par conséquent l'étendue du crédit qu'on peut lui accorder. L'art. 2148-4° prescrit successivement l'énonciation du montant de la créance, du montant des accessoires de la créance, et de l'époque d'exigibilité.

A. — *Montant de la créance.* — Le plus souvent, le

titre fixe exactement le montant du capital de la créance, et alors pas de difficultés ; on reportera dans le bordereau le chiffre porté dans l'acte. Mais il peut arriver que la créance soit conditionnelle ou indéterminée ; alors une évaluation sera nécessaire, les articles 2132 et 2148 prescrivent cette évaluation : pour les créances conditionnelles cependant, nous pensons que l'indication exacte du montant de la créance accompagnée de celle de la condition qui la tient en suspens, sera préférable à une évaluation quelconque.

Les obligations de faire ou de ne pas faire, les prestations en nature devront également être l'objet d'une évaluation ; dans le cas de prestation en nature, cette évaluation se fera d'après les mercuriales au moment où l'inscription est prise. — S'agit-il d'une rente en argent, il faut distinguer suivant que la rente est perpétuelle ou viagère. La rente est-elle perpétuelle ? Il suffira d'indiquer le prix fixé pour le rachat de la rente, ou bien encore la somme moyennant laquelle la rente a été constituée ; quelques auteurs se contentent même de la détermination du taux de capitalisation : ce taux permettra par une simple multiplication de rechercher le montant du capital de la rente (1). La rente est-elle viagère ? Une évaluation parait nécessaire, car la valeur de la rente ne peut pas être déterminée mathématiquement, à cause de son caractère aléatoire. Dès lors, le créancier devra estimer le capital nécessaire pour assurer le service de la rente pendant toute la vie du crédi-rentier. D'après la jurisprudence cependant, la connaissance des arrérages serait suffisante pour permettre aux tiers de déterminer le montant de la charge qui grève l'immeuble (2) ; cette

(1) Aubry et Rau, III, p. 338 § 274, note 3.
(2) Poitiers, 7 décembre 1885 D. 87. 2. 60. — Montpellier, 25 mars 1890, J. G. Suppl. Vᵒ Priv. et hyp. nᵒ 1593. — Baudry-Lacantinerie et de Loynes, II, nᵒ 1655.

jurisprudence encourage à tort une pratique d'après laquelle le montant en capital d'une rente viagère est toujours estimé au denier 20, quel que soit l'âge du crédirentier. La solution serait bonne si le taux de capitalisation était fixé invariablement à 5 %, mais, comme le dit M. de Loynes, « il varie suivant les fluctuations du marché monétaire », et il sera difficile aux tiers d'apprécier avec certitude le montant des charges hypothécaires.

L'évaluation faite dans l'inscription n'a pas pour effet de limiter le montant de la créance d'une façon définitive ; elle ne forme pas un titre en faveur du créancier ni contre lui. Elle a simplement pour effet de restreindre l'étendue de l'hypothèque aux yeux des tiers, et les erreurs commises ne sauraient nuire à qui que ce soit.

L'art. 2148-4° ne prescrit l'évaluation du montant de la créance que « dans les cas où cette évaluation est ordonnée »,'or, un seul article du Code, l'art. 2132, ordonne l'évaluation de la créance pour les inscriptions d'hypothèques conventionnelles ; les inscriptions d'hypothèques légales en sont dispensées en vertu de l'art. 2153-3°. Mais la loi garde le silence pour les hypothèques judiciaires, et les auteurs discutent sur le point de savoir, s'il faut leur appliquer la disposition de l'art. 2148-4°, ou bien si on leur accordera le bénéfice de l'exception.

La jurisprudence et quelques auteurs (1), s'en tenant à la lettre de l'art. 2148-4°, n'ont pas cru nécessaire d'exiger l'évaluation dans l'inscription du montant de la créance garantie par une hypothèque judiciaire. L'évaluation est nécessaire, disent-ils, dans les seuls cas où la loi l'a ordonnée, or elle ne parle pas des hypothèques judiciaires ; elles doivent donc échapper à cette exigence particulière.

____

(1) Req. 4 août 1825 sir. 26. 1. 169, J. G. v° Priv. et hyp. n° 1568. — Rouen, 8 février 1851, Dall. 52-2-53. — Troplong III n° 684.

Cette interprétation est trop restrictive ; elle est repoussée par la majorité des auteurs. Notre régime hypothécaire est basé sur le double principe de la spécialité et de la publicité ; on ne doit admettre de dérogation à ce principe que dans les cas où la loi l'a décidé d'une manière formelle ; c'est ainsi que l'on voit un texte déroger au principe de la spécialité relativement aux hypothèques légales (art. 2153-3°) ; c'est ainsi encore que la loi déroge à la règle de la spécialité quant au gage hypothécaire relativement à l'hypothèque judiciaire (art. 2148 in fine). Mais aucun texte ne dispense les inscriptions d'hypothèques judiciaires de déterminer le montant de la créance ; il serait d'ailleurs très difficile d'expliquer le motif d'une disposition spéciale en leur faveur. Si l'évaluation de la créance ne devait avoir lieu que dans les cas déterminés par la loi, on se demanderait pourquoi le législateur a cru nécessaire d'en dispenser formellement les hypothèques légales (2153-3°), pour lesquelles il y avait quelques motifs d'établir une dispense à la règle de la spécialité. Quant au texte de l'art. 2148 sur lequel on s'appuie, il n'est pas aussi exprès qu'on le dit ; il prescrit l'indication du montant de la créance « *dans les cas* où cette évaluation est ordonnée ». Il y a donc plusieurs cas où cette évaluation est requise ; pourtant, si l'on appliquait le système de la jurisprudence, il n'y en aurait qu'un seul, le cas de l'hypothèque conventionnelle (art. 2132).

B. *Le montant des accessoires de la créance* : Ce qui comprend les frais et les intérêts. — Les frais sont ceux de l'acte d'où résulte l'hypothèque, frais faits pour l'obtention ou l'enregistrement du titre, frais de l'inscription, mais ce ne sont pas ceux à faire pour la réalisation du gage (qui seront conservés sans inscription par le privilège des frais de justice). — Les intérêts sont les intérêts échus, mais non les intérêts à échoir, (art. 2151) ;

ils sont conservés seulement si l'inscription porte l'indication du taux d'intérêts et dans la mesure fixée par la loi. — Si le créancier négligeait d'indiquer dans le bordereau le montant des accessoires de sa créance, il serait considéré à leur égard comme créancier chirographaire, à moins qu'il ne prenne une inscription spéciale pour les conserver ; mais cette inscription n'aurait d'effet qu'à partir de sa date.

De même que le capital de la créance, les accessoires doivent être évalués dans l'inscription, s'ils sont indéterminés ; il ne suffit pas qu'ils y figurent pour mémoire (1), comme cela se passe presque toujours dans la pratique. Les accessoires non évalués ne sont pas garantis par l'inscription, qui conservera seulement le capital ; les tiers peuvent avoir en effet, un intérêt considérable à en connaître le montant.

C. *L'époque d'exigibilité de la créance.* — Cette mention intéresse les acquéreurs de l'immeuble hypothéqué, en leur permettant de repousser les poursuites du créancier hypothécaire jusqu'au jour de l'exigibilité (2) ; elle intéresse aussi les tiers, qui peuvent avoir ainsi une idée plus exacte du crédit du débiteur, car *minus solvit qui tardius solvit.*

Si la dette était exigible dès avant l'inscription, il suffirait d'indiquer qu'elle l'est, sans être tenu de préciser depuis quelle époque. Quant aux intérêts, il n'est pas

(1) Civ. Cass. 14 août 1883, D. 84. 1. 61. Sir. 84. 1. 24. — En ce sens Aubry et Rau, III, p. 340 et 341 § 274. — Baudry-Lacantinerie et de Loynes, II, n° 1660.

(2) Sous l'empire de la loi de brumaire, les acquéreurs avaient un intérêt plus considérable encore à connaître l'époque d'exigibilité, car ils jouissaient, même dans le cas de purge, des délais accordés aux précédents propriétaires. Aujourd'hui il n'en est plus ainsi (art. 2184).

nécessaire de fixer l'époque de leur exigibilité ; la date du titre suffit à faire connaître l'époque de l'échéance, qui normalement arrive tous les ans au moment de cette date.

Il y a des échéances incertaines : par exemple s'il s'agit d'une rente viagère ou d'une rente perpétuelle. L'indication de la nature de la créance suffira dans ce cas pour renseigner les tiers, sans qu'il soit besoin d'aucune autre désignation (application éventuelle des art. 1912 et 1978).

« 5° *L'indication de l'espèce et de la situation des biens sur lesquels il entend conserver son privilège ou son hypothèque* » (art. 2148 - 5°). Cette énonciation constitue la *spécialité quant au gage hypothécaire* ; elle est nécessaire dans l'inscription comme dans le titre constitutif, avec la même exactitude : on avait essayé pourtant de conclure le contraire de quelques petites différences de rédaction entre l'art. 2148 — 5° et l'art. 2129. C'est insoutenable, car la spécialité est requise autant dans l'intérêt des tiers que dans l'intérêt du débiteur, et l'inscription qui doit servir à renseigner les tiers doit contenir une désignation détaillée et individuelle des immeubles soumis à l'hypothèque : nature de l'immeuble, arrondissement, canton et commune ; tenants et aboutissants ; immeuble particulier ou domaine ; etc. Nous n'admettrions donc pas avec la jurisprudence une désignation collective des immeubles hypothéqués, ni une inscription où la commune de la situation des immeubles ne serait pas indiquée (1), ni une inscription qui grèverait tous les immeubles situés dans une commune ou dans l'arrondissement de tel bureau et appartenant au même débiteur. Cependant, il ne faut exiger que ce qui

____

(1) Nancy, 28 avril 1826, Sir. 27-2-228. — Bordeaux, 6 mai 1848, Sir. 49-2-609. — Reg. 4 mars 1873, D. 73-1-247.

est nécessaire pour désigner suffisamment l'immeuble aux yeux des tiers ; en conséquence, nous reconnaîtrions la validité d'une inscription prise sur un domaine entier, sur un corps de ferme dont on donne le nom et la situation, sans qu'on en ait désigné spécialement chaque parcelle avec les tenants et aboutissants, pourvu qu'on ait indiqué la nature des diverses portions qui composent ce domaine ou cette ferme. Mais il ne faudrait pas aller plus loin et admettre les facilités reconnues par la jurisprudence ; ce serait méconnaître l'utilité de la règle de la spécialité si favorable au crédit.

Le système des registres fonciers, adopté par les pays allemands et qu'on a proposé d'introduire en France, donne entière satisfaction sur ce point. Une feuille spéciale est réservée à chaque immeuble ou à chaque corps d'exploitation ; cette feuille indique la composition et la situation des biens en se référant aux données cadastrales, et elle porte mention des divers actes qui intéressent l'immeuble : morcellements subis, charges établies, etc.

— L'art. 2148 *in fine* apporte une exception à la règle de la spécialité de l'inscription ; elle concerne les hypothèques légales et les hypothèques judiciaires. Ces hypothèques sont générales ; une seule inscription frappe tous les immeubles présents et à venir situés dans l'arrondissement du bureau. Il en est ainsi pour les hypothèques judiciaires, à moins qu'elles n'aient été réduites conformément aux art. 2161 à 2165 du Code civil, et pour les hypothèques légales dispensées d'inscription non spécialisées conformément aux articles 2140 à 2145 ; ces hypothèques réduites ou spécialisées rentrent dans l'application de l'article 2148-5°.

— Nous savons maintenant quelles sont les diverses énonciations que doit contenir l'inscription ou le bordereau. Toutes ces énonciations ne sont pas requises à peine de nullité ; il ne peut en être ainsi, et bien que la loi garde le silence sur ce point, on s'accorde à décider que seules les énonciations, qu'on a appelées *substantielles*, sont requises à peine de nullité. D'après l'accord de la doctrine et de la jurisprudence, ces énonciations seraient les suivantes : l'indication du débiteur, l'indication du montant de la créance, la désignation des biens grevés, la mention relative à la date et à la nature du titre, et à l'époque d'exigibilité de la créance. Ces diverses indications sont celles qui sont nécessaires à la complète réalisation du double principe de la publicité et de la spécialité. Nous étudierons plus loin cette question (1).

— Il y a des inscriptions hypothécaires qui ne doivent pas contenir toutes les énonciations prescrites par l'art. 2148. Ce sont les inscriptions qui conservent les hypothèques purement légales, non restreintes à certains immeubles. Ces hypothèques ayant leur source dans la loi, il n'est pas nécessaire d'indiquer dans le bordereau la date ni la nature du titre ; la loi n'exige pas non plus qu'il contienne l'évaluation des droits garantis par l'hypothèque légale, ni l'époque d'exigibilité, ni la désignation de chaque immeuble grevé. Le montant des créances garanties est en effet indéterminé ; l'époque de la cessation du mariage ou de la tutelle est inconnue, et l'hypothèque est générale. Les seules mentions dont la loi prescrive l'énonciation sont celles relatives à la personne du créancier et à la personne du débiteur (art. 2153-1° et 2°), et l'indication de « la nature des droits à conserver, du montant de leur valeur quant aux objets déterminés, sans qu'on soit tenu de fixer les droits conditionnels, éventuels ou indéterminés. »

(1) V. Chapitre VI.

En effet, pendant le mariage ou la tutelle, le montant des créances de la femme ou du mineur contre le mari ou le tuteur, ne peut être complètement déterminé ; c'est pourquoi la loi (2153-3°) n'exige que l'indication de la nature des droits à conserver, sans ordonner l'évaluation des créances éventuelles ou indéterminées ; elle ne demande d'indiquer que le montant de celles qui sont déterminées. Cette règle reste applicable après le mariage, même pour les apports de la femme et les biens qui lui sont échus pendant le mariage, tant que ses droits et reprises n'ont pas été fixées au moyen de la liquidation ; et après la tutelle, tant que le compte n'a pas été apuré.

SECTION II. — **Des formalités à remplir pour obtenir l'inscription.**

La personne qui demande à prendre une inscription doit remplir certaines formalités ; elle doit : 1° justifier de l'existence de l'hypothèque dont elle réclame la publicité ; 2° fournir au conservateur des hypothèques tous les renseignements nécessaires pour qu'il opère l'inscription. C'est pourquoi la loi exige que le requérant représente au conservateur le *titre* qui a donné naissance à l'hypothèque, et qu'il lui remette en même temps deux *bordereaux* d'inscription où sont consignés tous les renseignements dont nous parlons.

1. *Production du titre.* — « Pour opérer l'inscription, le créancier représente au conservateur des hypothèques, l'original en brevet ou une expédition authentique du jugement ou de l'acte qui donne naissance à l'hypothèque » (art. 2148 al. 1). Le requérant qui veut faire inscrire une hypothèque conventionnelle, devra donc présenter au conservateur l'original en brevet ou une

expédition authentique de l'acte constitutif d'hypothèque ;
si c'est une hypothèque judiciaire, il produira une
expédition authentique du jugement. S'il s'agit d'inscrire
l'hypothèque légale d'un mineur ou d'une femme mariée,
ou celle de l'État, des communes et des établissements
publics sur les biens des comptables, cette représentation
ne serait pas nécessaire (art. 2153). Quant à l'hypothèque
légale du légataire (art. 1017), il faut décider, en
l'absence de toute disposition sur ce point, que le
conservateur doit exiger du requérant la représentation
d'une expédition du testament contenant le legs. Mais ce
testament peut être un testament olographe, c'est-à-dire
un acte sous seing privé ; que décider dans ce cas ? Le
conservateur exigera la représentation de ce testament ;
car la loi, (art. 2148), qui semble exiger dans tous les cas
un titre authentique, n'a statué sur le *plerum que fit*. Il
faudra encore suppléer au silence de la loi dans le cas
d'inscription du privilège du vendeur ou du copartageant,
lorsque la vente et le partage ont eu lieu sous signatures
privées, et admettre la validité de la représentation de ces
titres (1).

Le conservateur pourrait opérer l'inscription sans
exiger la production du titre constitutif de l'hypothèque,
tout comme il peut faire une inscription sans en être
requis. Mais alors il risque d'engager sa responsabilité.
En principe, il doit refuser d'opérer l'inscription, lorsqu'il
n'a pas sous les yeux le titre constitutif d'hypothèque ; il
doit même, d'après une instruction de l'Administration de
l'Enregistrement du 13 avril 1865, « certifier par une
mention spéciale sur le registre de dépôt, que les titres

____

(1) Baudry-Lacantinerie et de Loynes, II, n° 1626. Il en sera de
même pour l'inscription du privilège du constructeur et de la
séparation du patrimoine.

lui ont été représentés » (1). On admet cependant que l'inscription, prise sans qu'on se soit conformé à ces règles, ne serait pas nulle ; cette inscription ne pourrait évidemment pas nuire aux tiers, car lorsqu'un ordre s'ouvrira, l'inscription tombera si le créancier ne peut fournir la justification de sa créance. Elle ne pourrait nuire qu'au débiteur dont elle diminue le crédit ; mais celui-ci pourra facilement en obtenir mainlevée ainsi que des dommages-intérêts contre le conservateur.

Lorsqu'il s'agit de l'inscription requise par le syndic d'une faillite pour conserver les droits de la masse des créanciers conformément à l'article 490 du Code de commerce, la représentation d'un titre n'est pas nécessaire ; l'inscription sera reçue, dit la loi, sur un simple bordereau énonçant qu'il y a faillite et relatant la date du jugement par lequel les syndics auront été nommés. Mais si les syndics requièrent au nom du failli des inscriptions qu'il a négligé de prendre sur les immeubles de ses débiteurs, ils doivent conformément au droit commun, représenter les titres constitutifs de ces hypothèques ainsi qu'un extrait du jugement qui les a nommés.

— Le titre qui doit être représenté au conservateur, doit être, d'après l'art. 2148, *l'original en brevet*, ou une expédition authentique du jugement ou de l'acte qui donne naissance à l'hypothèque. On a conclu de ce texte que les notaires pouvaient recevoir en brevet les conventions emportant hypothèque, malgré l'art. 20 de la loi du 25 ventôse an XI, qui prescrit aux notaires de garder minute des actes qu'ils dressent. Les mots « original en brevet, » ne peuvent se rapporter, en effet, qu'à des actes notariés rédigés en brevet ; si donc le conservateur peut

<hr>

(1) Dalloz, 66-3-36.

se contenter de ces actes , c'est que l'hypothèque ainsi
constituée est parfaitement valable. (1)

2. *Remise des bordereaux.* — En même temps qu'il
doit représenter le titre constitutif de l'hypothèque, le
requérant doit remettre au conservateur deux bordereaux
sur papier timbré ; l'un d'eux peut être porté sur l'expédition du titre, afin de diminuer les frais. Cette formalité
est exigée d'abord dans l'intérêt du conservateur des
hypothèques, dont la responsabilité, déjà si grande, se
serait encore accrue, s'il avait été chargé d'extraire lui-
même de l'acte constitutif toutes les mentions nécessaires
pour la validité de l'inscription ; elle est exigée aussi
dans l'intérêt du créancier. L'une des deux pièces reste
dans les mains du conservateur des hypothèques, et
servira à le couvrir en cas de nécessité ; l'autre est remise
au créancier, après qu'on y a fait mention de l'accomplissement de la formalité, avec la date, le numéro et le
coût de l'inscription.

Grâce à cette disposition , si l'inscription contenait
quelques irrégularités préjudiciables a ux intéressés, le
conservateur pourrait échapper aux différents recours qui
seraient exercés contre lui en prouvant que son registre
est conforme au bordereau. De son côté, le créancier
auraient en mains le moyen de prouver que l'irrégularité
de l'inscription provient du fait du conservateur.

La représentation des bordereaux constitue-t-elle un
des éléments essentiels de la publicité dont l'omission
entraînerait la nullité de l'inscription ? — Nous le pensons
pas, car cette formalité n'a pas été requise dans l'intérêt
des tiers, et seules doivent être considérées comme substantielles les formalités qui contribuent à éclairer les

____

(1) En ce sens Pont n°s 665 et 942, Aubry et Rau III § 266 note
46. Contia : Duranton t. XX n° 98.

tiers. Ceux-ci, lorsqu'ils veulent connaître l'état hypothécaire d'un immeuble n'ont à se référer qu'aux inscriptions, et non à la manière dont l'inscription a été prise.
On objecte à cette solution l'art. 2200 du Code civil, qui
exige la mention sur le registre des dépôts de la remise
des bordereaux. C'est une erreur, puisque la loi, loin de
prononcer la nullité de l'inscription prise contrairement
à cette disposition, se borne à punir d'une amende de 200
à 1000 francs le conservateur qui y a contrevenu (art.
2202). La validité ou la nullité d'une inscription ne peut
résulter que de son contenu. (1).

— Si par un seul et même acte, une hypothèque a été
constituée sur les mêmes immeubles au profit de créanciers
différents, l'inscription pourra se faire par la remise de
deux *bordereaux collectifs* ; le conservateur ne pourrait
pas exiger la remise d'autant de bordereaux qu'il y a de
créanciers. Cette question qui, aujourd'hui, est résolue
dans ce sens par tout le monde, a été autrefois l'objet de
quelques difficultés. On décidait qu'il fallait distinguer
suivant qu'il y avait unité de créance, c'est-à-dire créance
solidaire ou indivisible, ou pluralité des créances appartenant à plusieurs créanciers distincts (2). Au premier
cas, on admettait la rédaction d'un bordereau collectif,
mais non dans l'autre hypothèse, où on exigeait autant de
bordereaux en double qu'il y avait de créances distinctes
et séparées. — Cette théorie n'est plus soutenue aujour-
d'hui; on la repousse en se basant sur l'art. 21 de la loi
du 21 ventôse an VII, qui décide qu' « il ne sera payé
qu'*un seul droit d'inscription pour chaque créance,
quel que soit d'ailleurs le nombre des créanciers requé-*

_____

(1) Troplong, III, n° 678. — Aubry et Rau, III, § 275, note 6.
(2) Décisions ministérielles du 16 floréal an VII et du 6 décembre
1822.

rants et celui des débiteurs grevés (1). » Un seul droit
d'inscription suppose qu'il n'est pris qu'une inscription,
et par conséquent qu'il n'a été rédigé qu'un seul bordereau pour toutes les créances. D'ailleurs l'article 2148 ne
suppose-t-il pas qu'on puisse requérir des inscriptions
collectives, quand il autorise de porter un des bordereaux sur l'expédition du titre; ce titre peut, en effet,
créer plusieurs droits d'hypothèque distincts. Enfin le
bordereau collectif assurera un rang égal aux divers
créanciers, ce qui est certainement plus équitable,
attendu que tous tiennent leur droit de la même source.

Comme conséquence de ce système, on admet que le
créancier qui a été subrogé, sur le bien grevé de son
hypothèque conventionnelle, à l'hypothèque légale d'une
femme mariée, peut requérir inscription collective de ces
deux hypothèques par la remise d'un bordereau unique,
à la condition, toutefois, qu'on y rencontrât les énonciations prescrites par la loi pour la validité de l'une et de
l'autre inscription (2).

— Le législateur n'exige pas que les bordereaux portent
la signature du requérant, à la différence de ce qu'il a
exigé pour l'hypothèque maritime. Il est vrai que la
personnalité du requérant est assez indifférente pour les
tiers. On ne peut pas dire pourtant qu'il y aurait là une
formalité inutile : la signature assurerait l'identité du
bordereau d'inscription et donnerait aux intéressés
l'indication de la personne responsable des erreurs de

(1) Voir aussi le N° 2 du tableau annexé au décret du 27 septembre
1810, qui alloue au conservateur un salaire de un franc, « pour
l'inscription *de chaque droit* d'hypothèque au privilège, quel que
soit le nombre des créanciers, si l'inscription est requise par le
même bordereau. »

(2) Aubry et Rau. III, § 288 bis. — Baudry et de Loynes. II,
N° 1093. — Orléans, 20 fév. 1857. D. 57. 2. 135. Req. 9 décembre
1872, D. 73-1-339.

rédaction. Mais, l'utilité que pourrait avoir la signature du bordereau, n'est pas suffisante pour suppléer au silence des textes qui ne l'exigent pas (1).

— Des formalités à remplir pour rendre publiques les cessions, renonciations et subrogations aux hypothèques légales dispensées d'inscription. — Nous avons vu que l'on distinguait suivant que la cession ou la renonciation avait eu lieu au profit d'un créancier ou au profit d'un acquéreur. Dans le premier cas, la publicité est réalisée au moyen de l'inscription de l'hypothèque légale, prise au profit des créanciers, ou d'une mention en marge de l'inscription de cette hypothèque. Dans le second cas, elle est réalisée par la transcription de l'acte d'aliénation ou par une mention en marge de cette transcription.

Par sa nature la subrogation est en quelque sorte une hypothèque constituée sur une autre hypothèque ; il en résulte que pour rendre public un tel acte, il convient d'exiger les mêmes conditions de publicité que pour rendre publique une hypothèque ordinaire. Le requérant (ce sera celui qui aurait qualité pour inscrire une hypothèque appartenant au subrogé), devrait donc représenter au conservateur, en même temps que le titre constitutif du droit consenti au profit du subrogé, deux bordereaux contenant les énonciations requises pour la conservation des hypothèques ordinaires. En pratique, il n'en est pas ainsi cependant, et on se contente souvent deprésenter au conservateur le titre de la subrogation d'où il extrait les énonciations nécessaires (2). Ce qui accroît singulièrement sa responsabilité.

— Quelles sont les énonciations qui doivent être

---

(1) **V.** ce que nous disons sur ce point au chapitre VI.
(2) **Mourlon.** De la transcription, N° 1087.

comprises dans les inscriptions ou dans les mentions de subrogation? La loi de 1855 est restée muette sur ce point; mais on s'accorde à peu près à décider que les inscriptions et mentions doivent contenir les énonciations qui devraient figurer dans une inscription d'hypothèque. Ces énonciations sont toujours suffisantes lorsqu'il s'agit d'une mention faite en marge de l'inscription de l'hypothèque de la femme. Lorsqu'il s'agira pour le subrogé de prendre inscription directement à son profit, ne faudra-t-il pas ajouter à ces énonciations, qui sont celles requises par l'art. 2148, les énonciations requises par l'art. 2153? Nous ne le pensons pas; il est vrai que cette inscription aura pour résultat de faire connaître l'hypothèque légale de la femme mariée, mais son but véritable est de porter à la connaissance du public l'existence de la subrogation consentie par la femme; il suffit donc à l'intérêt du subrogé comme à l'intérêt des tiers, que l'inscription contienne mention des énonciations nécessaires pour faire connaître la subrogation. Le requérant n'aura donc pas à s'occuper des détails nombreux, souvent inconnus de lui, qui, aux termes de l'art. 2153-3°, doivent figurer dans l'inscription de l'hypothèque légale. Il est bien entendu qu'il en serait autrement si le subrogé avait reçu de la femme le mandat de faire opérer l'inscription dans l'intérêt personnel de celle-ci.

— Relativement à la *forme des inscriptions de subrogation à l'hypothèque de la femme*, il se présente quelquefois dans la pratique des situations assez complexes ; elles naissent de ce fait que le mari qui consent sur ses biens une hypothèque conventionnelle, fait intervenir sa femme au contrat, afin que celle-ci accorde au prêteur un surcroît de garantie par la cession qu'elle lui fait de son hypothèque légale. De quelle façon le créancier hypothécaire devra-t-il procéder pour conserver le double droit qui résulte de cette convention ? Devra-t-il prendre une inscription spéciale pour chacune des deux hypothèques dont on lui a procuré l'avantage ? ou bien une seule inscription, l'inscription de l'hypothèque conventionnelle mentionnant la subrogation, suffira-t-elle pour conserver le double droit du créancier? — Plusieurs systèmes sont en présence ; le premier décide que la mention de la subrogation dans le bordereau de l'hypothèque conventionnelle est suffisante ; il s'appuie surtout sur la pratique antérieure à la loi de 1855, et sur le projet de réforme de 1851, qui autorisait cette manière d'agir. — Le deuxième système se base sur les termes mêmes de la loi du 23 mars 1855 (art. 9), qui semblent absolus et exigent une inscription spéciale de l'hypothèque légale de la femme prise au profit du cessionnaire ; et aussi sur l'intérêt même de la publicité, car une inscription spéciale de la subrogation, ou une mention en marge de l'hypothèque déjà prise. attirera bien plus l'attention des tiers, qu'une simple mention perdue dans le cours d'une autre inscription, qui a d'ailleurs un autre objectif. Telle serait bien la pensée du législateur qui a exigé, malgré la transcription de la vente, une inscription spéciale pour la conservation du privilège du vendeur.

Ces deux systèmes nous semblent exagérés ; il est certain, en effet, qu'une simple mention dans l'inscription de l'hypothèque conventionnelle ne peut assurer une publicité suffisante à la subrogation, comme il est certain aussi que l'inscription de la subrogation, prise en même temps que l'inscription de l'hypothèque conventionnelle, peut suffire à donner tous les renseignements désirables et qu'il est superflu d'exiger une inscription spéciale de la subrogation. Ce sentiment est celui de MM. Aubry et Rau, qui trouvent qu'il n'est pas indispensable de requérir inscription des deux hypothèques séparément,

pourvu que le bordereau d'inscription collective d'hypothèques conventionnelle et légale contienne les énonciations requises pour sa valididé par les articles 2148 et
2153 du Code civil (1).

Ce système que nous admettons parce qu'il est le plus
rationnel, semble être contredit par la loi du 13 février
1889, qui a modifié l'art. 9 de la loi du 23 mars 1855.
Il résulte en effet de cette loi, que la renonciation
de la femme à son hypothèque légale faite au profit de
l'acquéreur d'un immeuble du mari, est considérée
comme suffisamment rendue publique par la mention
qui en est faite dans la transcription de l'acte d'aliénation. N'y aurait-il pas lieu d'étendre par analogie cette
disposition aux divers cas de cession de l'hypothèque
légale de la femme au profit d'un créancier, et de décider
que la seule mention de la cession faite dans l'inscription
de l'hypothèque conventionnelle suffirait à conserver le
double droit du créancier hypothécaire? On en revien-
drait au premier système qui était celui de la pratique
avant 1855 ; mais nous pensons que dans l'intérêt supérieur de la règle de la publicité, il convient de s'en tenir
au système de MM. Aubry et Rau, qui est d'ailleurs celui
dont s'inspire aujourd'hui la pratique des notaires.

— Qu'arrivera-t-il au cas où ce n'est plus l'hypothèque
qui est cédée au profit d'un créancier du mari, mais la
créance de la femme contre son mari ? Faudra-t-il que le
cessionnaire se conforme encore aux prescriptions de
l'art. 9 de la loi de 1855 pour rendre cette cession
publique et opposable aux tiers ? ou bien la signification
de la cession au débiteur cédé ou son acceptation dans

(1) V. en ce sens un arrêt de la Cour de Cassation du 9 décembre
1872. D. 73. 1.339. — Aubry et Rau, III, § 288 bis. — Pont. Priv. et
hyp. N° 780 et s. — Mourlon. De la transcription, II, N° 1023.

un acte authentique, suffira-t-elle pour rendre la cession apposable à tous, conformément à l'art. 1690 du Code civil (1)? — Dans la cession que fait la femme de sa créance hypothécaire contre son mari, il y a deux choses : une cession de créance et une subrogation ; ces deux choses devront être respectivement rendues publiques conformément aux dispositions de la loi à leur égard ; il en résulte qu'il faudra à la fois satisfaire à l'art. 1690 et à la loi de 1855 (art. 9). D'où, si le cessionnaire de la créance s'était contenté par exemple d'une signification au mari, il pourrait ne passer qu'après un subrogé postérieur qui aurait inscrit son droit conformément à l'art. 9.

(1) Ce débiteur pourra être le mari ou un acquéreur d'un bien immeuble de celui-ci. Cette opinion a été soutenue par MM. Rivière et Huguet, *Questions sur la transcr.*, n° 393 et suiv., p. 294. — Contrà, Mourlon, n° 392.

CHAPITRE IV.

DE LA RÉALISATION DE LA PUBLICITÉ.

Lorsque le conservateur a reçu les bordereaux, il en transcrit les énonciations sur son registre. Nous allons étudier d'abord quels sont les différents registres qui concourent à la publicité des hypothèques, nous verrons ensuite de quelle façon le conservateur réalise cette publicité au moyen des écritures qu'il fait sur ces registres ; puis, nous indiquerons les moyens dont on dispose pour rectifier les inscriptions irrégulières, et quelles sont les personnes qui doivent supporter les frais de l'inscription. Enfin, dans une dernière section, nous parlerons de la publicité des registres.

SECTION I. — Des divers registres qui concourent à la publicité hypothécaire.

On peut diviser les registres tenus par les conservateurs en deux classes : l'une comprend les registres dits de *formalités*, où sont portées dans l'ordre des remises les inscriptions hypothécaires, et les transcriptions des actes de mutation et de saisie immobilière ; — l'autre comprend les registres destinés à faciliter les recherches, ce sont les *registres d'ordre*.

A. — Les premiers seuls sont tenus sur papier timbré ; ce sont : 1° le registre des remises ou de dépôt ; 2° le registre des inscriptions ; 3° celui des transcriptions des actes de mutation ; 4° celui des transcriptions des saisies immobilières (1). Les deux premiers seuls nous intéressent.

Le registre des remises ou de dépôt est destiné à recevoir mention de la remise des pièces (art. 2200). Il est divisé en colonnes et en cases, consacrées à l'indication du dépôt, de sa date, du nombre des pièces remises, de la nature de l'acte, du nom du notaire, du montant de la créance et du numéro d'ordre donné à chaque inscription sur le registre où elle est portée. En vertu de la loi du 5 janvier 1875 qui a modifié l'art. 2200 du Code civil, le registre de dépôt doit être tenu en double, l'un des doubles reste aux archives de la conservation, l'autre est déposé au greffe du tribunal de première instance de l'arrondissement. Autrefois, l'original unique de ce registre restait déposé à la conservation, aussi était-il à craindre l'éventualité d'un incendie qui les détruise tous en même temps. C'est pour éviter ce danger que la loi de 1875 a été votée.

Le registre de dépôt est en quelque sorte le registre d'entrée des actes à inscrire ou à transcrire. Souvent, et même toujours, il est impossible de remplir immédiatement la formalité de l'inscription, par suite du grand nombre des formalités qui peuvent être requises le même jour ; en fait, il y a toujours un intervalle de plusieurs jours entre le dépôt de la pièce et sa copie sur le registre. Il est cependant d'un intérêt considérable que l'inscription ait lieu à la date même où elle a été requise, car le droit qu'elle conserve n'existe à l'égard des tiers qu'à partir du jour où le bordereau est inscrit

---

(1) Le contenu de ces registres répond à la définition des actes authentiques (art. 1317). Il faut en conclure qu'ils font foi jusqu'à inscription de faux de l'ordre dans lequel les formalités ont été accomplies.

sur les registres publics. C'est pour concilier cet intérêt avec les nécessités du service que la loi a ordonné la tenue d'un registre des remises ou de dépôt. Ce registre, que le conservateur arrête tous les jours, permet de fixer la date où la formalité a été requise et d'assurer à cette date le rang des hypothèques.

Le registre des inscriptions est celui sur lequel sont copiés les divers bordereaux les uns à la suite des autres, dans l'ordre et à la date de leur remise.

Le registre de dépôt et le registre des inscriptions sont aux termes de l'art. 2201 du Code, en papier timbré, cotés et paraphés à chaque page par le juge du tribunal. Ils doivent être arrêtés tous les jours par le conservateur

B. — S'il n'y avait dans les conservations des hypothèques que ces deux registres, il serait absolument impossible d'y puiser les renseignements dont on peut avoir besoin : il faudrait tout au moins connaître la date des inscriptions dont on veut vérifier l'existence et l'étendue ; ce qui n'arrive presque jamais. Aussi y a-t-il des autres registres dans les conservations. Ces registres sont appelés *registres d'ordre*. Ce sont : 1° le répertoire des inscriptions hypothécaires ; 2° la table alphabétique du répertoire ; 3° le registre des salaires ; 4° le registre affecté à l'enregistrement des formalités concernant les saisies (sommations, radiations, etc.) ; 5° les registres relatifs au recouvrement des droits.

Les registres qui aident le conservateur dans les recherches qu'il a à faire, sont surtout le *répertoire* et la table qui l'accompagne. C'est la loi du 21 Ventôse an VII, dans son article 18, qui en prescrit la tenue : « les préposés tiendront un registre sur papier libre, dans lequel seront portés par extrait, au fur et à mesure des actes, sous le nom de chaque grevé, et à la case qui lui sera destinée les inscriptions à sa charge...., ainsi que l'indication des registres où chacune sera portée, et les numéros sous lesquels elles seront consignées ». Ainsi donc, le répertoire est divisé en *cases*, dont chacune concerne un individu particulier, et dans laquelle on inscrit le nom de cet individu. C'est pour cela sans doute qu'on appelle ce répertoire, *le répertoire des comptes individuels*. Chaque propriétaire foncier a son compte particulier sur une feuille ouverte ; la page de gauche présente le tableau des titres de transfert, des antichrèses et des saisies, et celle de droite, les inscriptions, renouvellement d'inscriptions, etc., avec des renvois aux registres des formalités et l'indication de la date et du montant de la créance.

Les recherches sur ce répertoire ont lieu à l'aide de tables alphabétiques des noms et du registre qui les contient.

Lorsqu'on demande un état des inscriptions au conservateur, c'est au répertoire des comptes individuels que celui-ci doit se reporter tout d'abord. Nous verrons plus loin combien cette façon de procéder, qui constitue chez nous la base de la publicité hypothécaire est défectueuse : pour obtenir l'état des inscriptions qui grèvent un immeuble, il faut connaître les noms des propriétaires successifs de cet immeuble, afin de permettre au conservateur de rechercher dans la case qui leur est réservée, s'il n'existe pas, de leur chef, des inscriptions sur cet immeuble.

SECTION II. — **Formalités que doit remplir le conservateur pour opérer l'inscription.**

Le conservateur doit faire mention du dépôt des bordereaux à inscrire sur le registre de dépôt, puis copier le bordereau sur le registre des inscriptions.

A. *Mention des pièces déposées sur le registre de dépôt et remise du bulletin dc dépôt* (art. 2200). — Cette mention permet au conservateur d'opérer les inscriptions d'hypothèques dans l'ordre où les bordereaux lui ont été remis, car l'encombrement peut avoir pour effet de retarder de plusieurs jours l'inscription elle-même. La tenue minutieuse du registre de dépôt a une importance capitale ; aussi la loi exige, pour la garantie des déposants que le conservateur leur remette un *bulletin de dépôt* ou reconnaissance sur papier timbré, renvoyant au numéro du registre sur lequel la remise a été constatée. Le bulletin de dépôt renferme toutes les indications nécessaires pour reconstituer les registres, dans le cas où ils seraient détruits. Ce bulletin est évidemment remis dans l'intérêt de celui qui fait la réquisition d'inscription. Il semble donc naturel de décider, si celui-ci déclare ne pas en vouloir afin de diminuer les frais, que le conservateur ne peut le forcer à le recevoir et à en payer le timbre. Plusieurs circulaires ministérielles ont cependant décidé le contraire (1) ; elles admirent que le requérant pouvait être obligé de recevoir le bulletin de dépôt, à moins, disaient-elles, que le conservateur ne puisse accomplir la formalité de l'inscription sous en yeux. Ce qui, en fait, n'arrive jamais.

La loi de 1875 (5 janvier), a ordonné dans un but purement fiscal, qu'il soit délivré aux déposants autant de reconnaissances timbrées qu'il y aura de formalités requises, tandis que sous l'empire de l'art. 2200 du Code, un seul bulletin de dépôt suffisait quel que fut le nombre des pièces déposées.

---

(1) Décision du ministre des finances du 14 ventôse an XII et du ministre de la justice du 28 ventôse an XIII. — Décision du ministre des finances du 8 août 1821.

Ces bulletins de dépôt sont actuellement rédigés sur des formules timbrées, extraites d'un registre à souche (1).

Après qu'il a mentionné le dépôt des bordereaux sur le registre des remises de pièces, le conservateur doit relater l'inscription au répertoire des comptes individuels, dans la case déjà consacrée au nom du grevé ou qu'il va lui consacrer (au cas où son nom ne figure pas encore sur le registre).

B. *Copie du bordereau sur le registre des inscriptions.* — « Le conservateur, dit l'article 2150 du Code civil, fait mention sur son registre du contenu aux bordereaux ». D'après ce texte, on pourrait croire que le conservateur est chargé d'extraire du bordereau les énonciations que les tiers ont intérêt à voir rendues publiques et de les porter ensuite sur le registre des inscriptions. Il n'en est pas ainsi cependant : une instruction de l'Administration de l'Enregistrement du 13 avril 1865, ordonne au conservateur de *copier* purement et simplement les bordereaux sur ledit registre (2).

Cette prescription est en opposition avec le texte de l'article 2150, qui n'exige qu'une simple mention, et non une copie en entier. L'instruction de l'Administration ne peut pas être plus forte que la loi. Le but qui a été visé est un but fiscal : on a voulu accroître les frais ; on a voulu aussi diminuer la responsabilité des conservateurs, qui pourraient quelquefois se tromper en reportant les énonciations nécessaires sur le registre des inscriptions.

Le conservateur remplit donc un rôle purement passif ; sa responsabilité est dégagée, du moment que la copie a été fidèlement accomplie. Il n'a pas à rechercher si les

(1) Instruction du 16 janvier 1875.
(2) D., 66-3-36.

énonciations portées dans les bordereaux sont suffisantes pour satisfaire au vœu de la loi, car il n'est pas juge de la validité du bordereau ; à la différence du conservateur allemand, il n'est pas investi d'une sorte de magistrature qui lui permette de vérifier les pouvoirs de celui qui requiert l'inscription, la valeur des titres présentés et l'opportunité de la publicité. Il ne pourrait donc pas, sans engager sa responsabilité, refuser d'opérer une inscription au sujet de laquelle il a été régulièrement requis (V. art. 2199).

Lorsque l'inscription est accomplie, le conservateur remet au requérant le titre constitutif de l'hypothèque avec un des bordereaux sur lequel il a mentionné l'accomplissement de la formalité de l'inscription (avec la date et le n° du registre). Ce bordereau sera la preuve que l'inscription a été faite, et servira d'arme à l'inscrivant pour poursuivre le conservateur qui aurait négligé de procéder à l'inscription. L'autre bordereau reste entre les mains du conservateur, pour qu'il puisse y trouver sa justification en cas de contestation.

SECTION III. — **De la rectification des inscriptions irrégulières.**

L'irrégularité des inscriptions peut provenir soit de l'irrégularité des bordereaux présentés au conservateur, soit de la transcription inexacte sur le registre des énonciations contenues dans les bordereaux.

Si les bordereaux étaient irréguliers, la rectification pourra être faite sur la requête du créancier ou d'un tiers agissant en son nom ; elle pourrait aussi être opérée par le conservateur lui-même, agissant comme gérant d'affaires, bien qu'il ne soit pas juge de la validité des bordereaux. Dans ce cas, deux nouveaux bordereaux doivent être représentés. .

Si l'irrégularité a sa cause dans une erreur ou une inadvertance du conservateur, celui-ci pourra rectifier d'office l'inscription irrégulière, et en prendre une autre sur le registre courant. Le conservateur échappera de cette façon, du moins pour l'avenir, à la responsabilité encourue vis-à-vis du créancier.

Afin d'éviter le double emploi, le conservateur devra mentionner la rectification en marge de l'inscription nouvelle qui rectifie la première. Il devra aussi faire cette mention en marge des extraits qu'il délivrera (1).

La nouvelle inscription peut être prise sans qu'un jugement intervienne pour ordonner la rectification. Cette solution a été consacrée par un avis du Conseil d'État de 1810, contrairement à ce qui se passe pour la rectification des actes de l'état civil, en vertu des articles 99-101 du Code civil.

L'inscription rectifiée ne rend pas à l'inscription le rang qu'elle aurait eu, si la rectification n'avait pas été jugée nécessaire ; elle ne rétroagit pas dans le passé (2).

L'hypothèque, en effet, n'a d'efficacité à l'égard des tiers que lorsqu'elle a été rendue publique ; cette condition de publicité n'était pas remplie complètement dans le cas présent, puisque l'inscription a dû être rectifiée ; les tiers ne sont censés connaître l'existence de l'hypothèque que du jour où elle leur a été annoncée par une inscription régulière.

-----

(1) Un avis du Conseil d'État des 11 et 26 décembre 1810 l'a ainsi décidé.

(2) La loi du 4 septembre 1807 a décidé le contraire pour les inscriptions rectifiées au point de vue de la mention de l'époque d'exigibilité qui avait été omise (art. 2).

SECTION IV. — **Des frais de l'inscription.**

Ces frais comprennent : 1° les frais de rédaction des bordereaux ; 2° le prix du timbre des bordereaux, du bulletin de dépôt, du registre de dépôt et du registre des inscriptions ; 3° le salaire du conservateur ; 4° un droit proportionnel de un franc par mille francs, plus les décimes.

Aux termes de l'art. 2155 du Code, ces frais doivent être supportés en définitive par le débiteur, à moins de stipulation contraire. C'est en effet dans l'intérêt du débiteur qu'ils ont été faits, en ce sens que l'inscription a procuré au créancier la sûreté sans laquelle il aurait refusé tout crédit au débiteur. Toutefois la loi décide que l'avance en sera faite par l'inscrivant. Il n'y a d'exception à cette règle que pour les hypothèques légales dont l'inscription est requise par un autre que le mari ou le tuteur.

L'inscription de ces hypothèques est opérée souvent à la requête de personnes qui ne sont pas directement intéressées à leur conservation et qui agissent dans l'intérêt des incapables ou de la loi. Le législateur, dans le but de faciliter leur intervention, et pour les encourager à prendre une inscription qu'il ne les oblige pas de requérir, les dispense formellement de faire l'avance des frais qu'il exige de tout autre inscrivant. Dans ce cas, les frais sont avancés par l'Administration de l'Enregistrement, sauf le recours du conservateur des hypothèques contre le débiteur (1).

(1) Décret du 18 juin 1811, art. 124.

En principe, c'est donc le débiteur qui supporte les frais de l'inscription. N'y aurait-t-il pas lieu d'admettre une exception à cette règle, pour l'hypothèque légale du tuteur ? — La loi de brumaire (art. 24) dispensait expressément les tuteurs du fardeau des frais de l'inscription de l'hypothèque du mineur, et les autorisait à faire figurer ces frais dans leur compte de dépenses. Cette décision reposait sur l'équité, car la tutelle est souvent une charge qu'on ne peut refuser, et elle ne doit pas être pour le tuteur qui la remplit gratuitement, la source d'un préjudice pécuniaire. Aussi certains auteurs ont décidé, en se basant sur cette idée et sur l'art. 471 du Code civil, que les frais de l'inscription de l'hypothèque légale du mineur seraient supportés en fin de compte par celui-ci, et que le tuteur pourra porter les frais de cette inscription au compte des dépenses qu'il a *utilement* faites pour le mineur (art. 471) (1).

Mais cette solution ne doit pas être étendue aux frais d'inscription de l'hypothèque légale des femmes mariées et de l'Etat. Il n'y a pas ici de texte analogue à l'article 471 ; et de plus, les fonctions de mari et de comptables ne sont pas imposées par la loi comme celle de tuteur.

SECTION V. — **De la publicité des registres.**

Le tiers qui a besoin d'être renseigné sur la situation hypothécaire d'un immeuble ou sur le crédit dont peut jouir une personne, n'a qu'à se rendre au bureau de la conservation des hypothèques de l'arrondissement où est situé l'immeuble ; il trouvera sur les registres dont nous

(1) Aubry et Rau, T. III, § 275, note 9 ; — Baudry-Lacantinerie et de Loynes, II. n° 1634 ; Colmet de Santerre, IX, n° 135 bis, II ; Contrà. Troplong, III, n° 730 bis.

avons parlé, tous les renseignements qu'il désire. En effet, ces registres sont publics, et chacun a le droit d'y faire des recherches. Seulement, la loi n'a pas voulu que le premier venu puisse compulser lui-même les registres; le système de la communication directe, dit-on, aurait pour effet de laisser égarer les livres ou de les laisser altérer ou lacérer facilement. Nous verrons cependant que des législations étrangères ont adopté ce système, qui fonctionne chez elles à la satisfaction de tous. (1) La loi a placé un intermédiaire indispensable entre les registres et le public; cet intermédiaire est le conservateur des hypothèques.

Tout le monde a le droit de requérir un état des inscriptions hypothécaires; il n'est pas besoin pour cela de prouver qu'on y a un intérêt quelconque (art. 2196). Les réquisitions adressées au conservateur doivent lui être présentées par écrit, mais il n'est pas nécessaire qu'on emploie du papier timbré. Cependant si le requérant ne sait pas écrire ni signer, le conservateur se borne à reproduire, en tête des états ou des certificats qu'il délivre, les termes de la réquisition verbale qui lui a été faite, et à énoncer sur le registre des salaires que le requérant ne sait pas signer (2).

Le conservateur doit toujours se conformer aux termes de la réquisition qui lui a été adressée et borner ses recherches aux indications qui en résultent. Si ces indications sont peu précises, il est en droit d'exiger qu'on lui fournisse des explications complémentaires, toujours par écrit. La réquisition est conservée dans les archives du bureau; elle est destinée à couvrir le conservateur au besoin. Comme le conservateur n'est pas juge

____

(1) Italie, Hollande, Grèce, Canada, Espagne.
(2) Cela résulte d'une décision ministérielle du 17 janvier 1811.

de la régularité ou de l'irrégularité des inscriptions, il doit comprendre sur les états généraux qu'il délivre toutes les inscriptions subsistantes, quelle que soit leur valeur ; mais il n'y fera pas figurer, à moins d'une demande formelle, les inscriptions radiées ou périmées.

De même que les réquisitions, les états ou certificats délivrés par le conservateur des hypothèques doivent être donnés par écrit, mais contrairement à elles, ces états doivent être délivrés sur timbre. Si cependant, contrairement aux instructions formelles de l'Administration, le conservateur fournissait des renseignements oraux, aucun salaire ne lui serait dû de ce chef, mais par contre, sa responsabilité ne serait pas engagée.

Les états ou certificats délivrés consistent en des copies littérales du contenu des registres, et bien que la question ait été controversée, il est impossible de reconnaître aux requérants le droit de demander des renseignements par extraits analytiques : depuis que la loi du 23 mars 1855 est appliquée, les états de transcriptions sont toujours délivrés par copies littérales ; il doit en être de même lorsqu'il s'agit d'états d'inscriptions. On n'a pas voulu augmenter outre mesure la responsabilité déjà si lourde du conservateur ; et la permission qu'on donnerait au public de demander des extraits analytiques de ses registres, serait de nature à accroître considérablement cette responsabilité.

Les conservateurs sont en effet responsables des erreurs ou omissions provenant de leur négligence ou de leur fait, et existant dans les certificats qu'ils délivrent. Ils répondent à plus forte raison du préjudice qu'ils peuvent causer, en n'y mentionnant pas des inscriptions non périmées, à moins que cette omission n'ait sa cause dans l'indication trop peu précise qu'aurait faite le requérant. La réquisition écrite qui est restée dans les archives du bureau suffira dans ce cas à justifier la conduite du conservateur.

Les renseignements que peuvent fournir les conservateurs sont très variés, et les états délivrés sont généraux ou spéciaux , partiels ou complémentaires, sur une personne ou sur un immeuble, etc. Le requérant peut limiter sa demande aux charges hypothécaires grevant telles personnes suffisamment désignées, ou exiger un état des inscriptions qui frappent tel immeuble du chef de n'importe qui. — Lorsqu'il n'existe aucune inscription au nom et dans les conditions qui lui ont été indiquées par la réquisition, le conservateur délivre, toujours sur papier timbré, un certificat négatif.

CHAPITRE V.

DE LA DURÉE DES INSCRIPTIONS HYPOTHÉCAIRES DU RENOUVELLEMENT DES INSCRIPTIONS.

Aux terme de l'art. 2154, « les inscriptions conservent l'hypothèque pendant dix années à compter du jour de leur date ; leur effet cesse si elles n'ont pas été renouvelées avant l'expiration de ce délai. » Il résulte de ce texte que le créancier qui laisse écouler le délai de 10 ans sans renouveler son inscription, se retrouve dans la même situation que s'il n'avait jamais pris d'inscription. Par conséquent, il perd le rang qui lui assurait la première inscription et passe après ceux qui se sont inscrits depuis ce moment et dont l'inscription n'est pas périmée ; de plus, si un événement, auquel la loi attache l'effet d'arrêter le cours des inscriptions, venait à se produire, le droit de ce créancier serait perdu complètement, aussi bien quant au droit de suite que quant au droit de préférence.

Nous allons étudier successivement quel est le fondement de la nécessité du renouvellement? Quelle en est l'étendue? Quelle en est la forme?

SECTION I. — Quel est le fondement de la nécessité du renouvellement ?

Cette règle du renouvellement décennal des inscriptions hypothécaires, que les rédacteurs du Code civil ont

empruntée à la loi de l'an VII, a été l'objet des plus vives
critiques. Lors même de la rédaction du Code civil, elle
avait soulevé l'opposition de la section de législation du
conseil d'Etat, qui proposait de conserver l'effet de
l'inscription tout le temps que dureraient l'obligation et
l'action personnelle contre le débiteur, et l'action hypothécaire contre le tiers détenteur. — Lors de l'enquête
de 1841, la grande majorité des Cours d'appel entendues
demanda que l'inscription conserve l'hypothèque pendant
trente ans. Une réforme a été accomplie dans ce sens par
les législations belge et italienne. (1)

Il ne nous paraît pas possible cependant, dans l'état
actuel de notre législation, qui admet le système de la
publicité personnelle sous le nom de chaque propriétaire,
d'opérer la suppression de la nécessité du renouvellement. Pour délivrer ses extraits, le conservateur serait
dans l'obligation de compulser un nombre de registres
très considérable, (2) et malgré cela, les renseignements
fournis seraient souvent erronés ou incomplets. On a
voulu faciliter les recherches. C'est ce motif qui a fait
admettre la disposition de l'art. 2154. Nous pensons
toutefois qu'il serait bon d'augmenter le délai fixé par le
Code, afin de permettre aux emprunteurs de stipuler des
remboursements à plus long terme, et de supprimer en
quelque sorte ce qu'il y a d'injuste dans une telle
déchéance. Il est en effet d'observation courante, que
l'obligation du renouvellement cause la perte de nombreuses créances, et qu'elle détourne les capitalistes des
prêts à long terme. — On peut cependant dire en faveur

(1) Documents hypothécaires, II p. p. 613, 645 et 667. — La loi
belge de 1851 a fixé à 15 ans la durée des inscriptions.

(2) La suppression et l'interruption de la prescription de l'action
hypothécaire pourraient en effet rendre impossible la prescription
ou du moins la paralyser pour longtemps.

du renouvellement décennal qu'il facilite le dégrèvement de la propriété foncière, et que son omission volontaire constitue un moyen économique d'enlever leur effet à beaucoup d'inscriptions dont les causes n'existent plus, et dont il serait nécessaire de faire opérer la radiation.

SECTION II. — **Quelle est l'étendue de la nécessité du renouvellement.**

Toutes les inscriptions d'hypothèque sont en principe soumises à cette obligation, sans qu'il y ait à distinguer entre les hypothèques légales, judiciaires ou conventionnelles.

Pour les hypothèques légales, il y a lieu de distinguer : celles du Trésor, des communes et des établissements publics sont soumises à la règle du renouvellement ; quant aux hypothèques légales des mineurs et des femmes mariées, on sait qu'elles sont dispensées de publicité tant que dure l'incapacité ; le défaut de renouvellement après dix ans ne préjudicierait donc pas aux incapables, qui conserveraient leur rang ; seulement un avis du Conseil d'État a décidé que les maris et tuteurs étaient tenus de procéder au renouvellement de l'inscription prise sur leurs biens, sous les peines portées en l'art. 2136 du Code civil (1). Mais si l'inscription était périmée après le délai fixé par l'art. 8 de la loi de 1855, l'hypothèque légale des mineurs et de la femme perdrait son rang et elle ne vaudrait plus que par une nouvelle inscription et à la date de celle-ci.

La loi du 21 ventôse an VII, décidait dans son art. 7 que les inscriptions, que les conservateurs était tenus de prendre eux-mêmes sur les immeubles affectés à leur cautionnement, étaient dispensées de la nécessité du

(1) Avis du Conseil d'État des 15 décembre 1807 et 22 janvier 1808.

renouvellement. On s'est demandé si cette disposition devait encore être appliquée après la promulgation du Code civil, et le Conseil d'État décida, par un avis des 18 avril-4 juin 1809, que l'art. 2154 avatt abrogé cette législation (1).

Les inscriptions prises par la Société du Crédit Foncier de France, ont été dispensées, pendant toute la durée du prêt, du renouvellement décennal. (Art. 47 du décret du 28 février 1852). — Une autre exception à la règle du renouvellement décennal résulte du décret du 25 juillet 1895 pour l'inscription prise au profit de l'État, dans le but de garantir le paiement de la rente due par les transportés dans les colonies pénitentiaires, qui ont obtenu des concessions de terre (art. 27). L'inscription conserve son effet pendant *30 ans* à compter de sa date.

Le renouvellement de l'inscription des hypothèques maritimes, dont la durée avait été limitée à trois ans par la loi du 10 décembre 1874, est aujourd'hui nécessaire, après un délai de dix ans, depuis la loi du 10 juillet 1885.

Rappelons enfin que la péremption des inscriptions hypothécaires a été suspendue pendant la durée de la guerre 1870-71, en vertu de la loi du 26 mai 1871 (2). Cette question, qui n'a plus aujourd'hui qu'un léger intérêt historique, a été l'objet de longs débats dans la doctrine et la jurisprudence, sur le point de savoir si la suspension était accordée, non seulement aux inscriptions qui auraient été périmées pendant la durée de la guerre, mais aussi aux inscriptions dont la péremption ne s'accomplirait qu'ultérieurement.

(1) Il reste un doute cependant parce que cet avis n'a pas été inséré au bulletin des lois, et par suite, il ne peut avoir l'autorité d'une interprétation législative.

(2) V. aussi les décrets des 9 septembre et 8 octobre 1870.

— De quelle façon doit se calculer ce délai de dix ans ?
Cette question a donné naissance à plusieurs opinions.
Certains auteurs comprennent dans ce délai, à la fois le
dies a quo et le *dies ad quem ;* d'où une inscription prise
le 1ᵉʳ avril 1897 devra être renouvelée, au plus tard, le
31 mars 1907 (1). D'autres ne comptent ni le *dies a quo*
ni le *dies ad quem :* d'où l'inscription prise le 1ᵉʳ avril
1897 pourra encore être utilement renouvelée le 2 avril
1907 (2). — Enfin, une troisième opinion applique au
calcul du délai de dix ans la règle *Dies terminus non
computatur in termino,* c'est-à-dire que le jour où
l'inscription a été prise n'entre pas dans le calcul du
délai, qui commencera à courir le lendemain de ce jour
et se terminera au jour du dixième anniversaire de
l'inscription : d'où l'inscription prise le 1ᵉʳ avril 1897 sera
encore utilement renouvelée le 1ᵉʳ avril 1907. Cette
dernière opinion est celle qui domine en doctrine et en
jurisprudence ; elle est la seule conforme au texte de
l'art. 2154 qui décide que les inscriptions produisent leur
effet « pendant dix années, *à compter du jour de leur
date.* » Donc, le jour où l'inscription a été prise ne compte
pas.

Si le dernier jour du délai était un jour férié, ce jour
ne serait pas retranché dans le calcul des dix années, et
on ne pourrait pas appliquer ici par analogie l'art. 1033
du Code de Procédure, modifié par la loi du 13 avril
1895, car cet article n'applique la prorogation qu'aux
délais de procédure, et le délai de l'art. 2154 n'est pas un
délai de procédure (3).

(1) Merlin. Rép. Vᵒ, Inscription hypothécair·, § 8 bis, Nᵒ 1. —
Duranton, XX, 160. — Toulouse, 2 janvier 1841. Sirey. 41-2-465.

(2) Delvincourt. Tome III, p. 353. — Paris, 21 mai 1814, 14-2-388.

(3) Baudry-Lacantinerie et de Loynes. III, Nᵒ 1762.

— Quand cesse la nécessité de renouveler l'inscription ?

Remarquons d'abord que les divers changements qui peuvent se produire dans la situation du débiteur ou du créancier ne peuvent avoir pour effet de mettre un terme à l'obligation du renouvellement décennal des inscriptions. Ainsi, ni la faillite du débiteur, ni l'acceptation bénéficiaire de sa succession ne pourraient jamais empêcher le créancier de renouveler une inscription à la veille d'être périmée (1).

De plus, lorsque le paiement de la créance a été effectué, il est évident qu'il ne peut plus être question de renouvellement, puisque le paiement, en éteignant la créance, a éteint en même temps l'hypothèque.

Pour qu'il y ait à résoudre le point de savoir quand cesse l'obligation de renouveler les inscriptions, il faut supposer que le bien hypothéqué est sorti du patrimoine du débiteur. Il arrive alors un moment où l'inscription n'est plus nécessaire pour conserver le droit du créancier, parce que ce droit n'a plus le même objet : au lieu de porter encore directement sur l'immeuble, il s'est reporté sur son prix. On dit alors que l'inscription a produit son *effet légal ;* il n'est donc plus nécessaire de la renouveler.

Tel est le principe ; mais la difficulté ne consiste pas tant à poser ce principe, qu'à déterminer à quel moment précis il convient de décider que l'inscription a produit son effet légal, à quel moment précis il n'est plus indispensable de la renouveler. Il importe d'examiner cette question en se plaçant en face des diverses situations qui peuvent se présenter : expropriation forcée, expro-

(1) Dans le cas de faillite, l'art. 448 (Co.) ne s'y opposerait que si le créancier avait laissé périmer son inscription ; mais alors, il n'y aurait pas renouvellement, mais plutôt une nouvelle inscription.

priation pour cause d'utilité publique et aliénation volontaire.

1° *Expropriation forcée.* — On rencontre dans cette hypothèse autant de systèmes différents qu'il y a, pour ainsi dire, de phases distinctes dans la procédure de la saisie immobilière. Pour M. Persil (1), l'inscription aurait produit son effet légal sitôt la transcription de la saisie (Art. 678 du Code de procédure). Pour d'autres, ce serait à partir de la sommation faite aux créanciers inscrits d'avoir à prendre connaissance du cahier des charges de l'adjudication (Art. 692 C. Proc.). Ces deux systèmes ne se soutiennent plus; en effet, le prix sur lequel doit se reporter le droit du créancier n'est pas encore fixé, lorsque ces incidents de procédure se produisent. — D'autres auteurs ont fixé pour dernier terme d'utilité de l'inscription : les uns, le procès-verbal d'ouverture d'ordre; les autres, la clôture de l'ordre et la délivrance aux créanciers des bordereaux de collocation, ou bien encore le paiement effectué (2). Ces solutions sont d'une rigueur trop grande; ne confondent-elles pas l'exercice du droit avec le droit lui-même ? Toutes ces opérations sont destinées à travailler à la répartition du prix antérieurement fixé. Ce prix avait été fixé d'une manière définitive par l'adjudication, et le droit des créanciers s'était dès lors reporté sur ce prix.

Se basant sur cette idée, la jurisprudence et beaucoup d'auteurs ont longtemps décidé que l'inscription devait être considérée comme ayant produit son effet légal à partir du jugement prononçant l'adjudication. « L'adjudication constitue, dit M. Pont, entre l'adjudicataire et les créanciers, un contrat judiciaire se résumant en une

(1) Persil. II, sur l'art. 2154, N° 6.

(2) Dalloz J. G. V° Priv. et hyp., N° 1678.

indication virtuelle de paiement en leur faveur, et en un engagement tacite, de la part de l'adjudicataire de les payer à leur rang jusqu'à concurrence de son prix »(1). A partir de ce moment, le renouvellement deviendrait superflu tant à l'égard de l'adjudicataire qu'à l'égard des créanciers entre eux. Les opérations qui suivent le jugement d'adjudication, comme l'ordre, la délivrance des bordereaux de collocation, ou le paiement, ne sont ainsi que nous le disions plus haut, que des voies d'exécution destinée à répartir entre les créanciers le prix que l'adjudication avait fixé.

Tout cela était vrai avant la loi du 23 mars 1855. Alors l'adjudication était opposable à tous par le seul fait de la prononciation du jugement. Mais depuis cette époque, l'adjudication ne devient définitive qu'après qu'elle a été transcrite (art. 1 - 4°, L. du 23 mars 1855). Désormais, seule la transcription pourra empêcher les inscriptions des hypothèques consenties par le saisi, seule la transcription fera produire aux inscriptions leur effet légal. Cette doctrine a été consacrée récemment par la Cour de Cassation (2), elle se fonde sur un texte, l'art. 717 du Code de proc. civ., al. 7, tel qu'il a été modifié par la loi du 21 mai 1858 : « Le jugement d'adjudication, *dûment transcrit*, dit ce texte, purge toutes les hypothèques, et les créanciers n'ont plus d'action que sur le prix ». C'est donc la transcription du jugement d'adjudication qui, en purgeant toutes les hypothèques, met un terme à la faculté de s'inscrire du chef du saisi, et qui

(1) Pont. Priv. et hyp., n° 1056. — Aubry et Rau III § 280 texte et note 14. — Garsonnet. Tr. th. et prat. de procédure IV, § 709. — Caen 9 mai 1871, D. 76-2-102. — Toulouse, 1er mars 1889, D. 90-2-70.

(2) Bastia, 30 avril 1888, et sur pourvoi, Civ. rej., 4 mai 1891, D. 92-1-9. — Sirey, 91-1-373. — Baudry-Lacantinerie (Précis) III, n° 1409. — Baudry et de Loynes III, n° 1791.

transporte en même temps le droit des créanciers de la chose sur le prix ; c'est donc au moment de la transcription de l'adjudication que s'opère la transformation du droit des créanciers, qui aura pour conséquence de les dispenser de renouveler leurs inscriptions. Alors seulement le contrat judiciaire, dont parle M. Pont, devient définitif.

Cette solution nous paraît exacte. Nous avons vu, en effet, que le droit des créanciers ne pouvait être transporté de la chose sur le prix que par suite d'une mutation de la propriété de l'immeuble ; il est naturel d'exiger pour cela une mutation devenue définitive et opposable non seulement au saisi, mais encore aux tiers, parmi lesquels figurent les créanciers hypothécaires, ceux dont le droit est en question. De plus, pourquoi n'exigerait-on pas des créanciers dont l'hypothèque a déjà été inscrite qu'ils renouvellent leur inscription ? Il y va de l'intérêt des tiers qui prêteraient au saisi avant la transcription de l'adjudication : ils ont un intérêt manifeste à avoir des renseignements complets sur l'état hypothécaire de l'immeuble. La publicité est nécessaire, tant que des inscriptions peuvent être prises du chef du saisi.

— L'adjudication sur saisie peut être suivie dans la huitaine d'une *surenchère* du sixième (art. 608 proc. civ.) Suivant certains auteurs, la première adjudication doit alors être considérée comme non avenue, et par suite il serait encore nécessaire d'entretenir les inscriptions jusque la seconde adjudication. Nous ne partageons pas cette manière de voir : si c'est le premier acquéreur qui se rend encore adjudicataire dans la surenchère, le contrat judiciaire précédemment formé subsiste, et l'adjudicataire reste tenu du prix envers les créanciers dont l'inscription n'a pas été renouvelée depuis la transcription de la première adjudication ; — si l'adjudicataire

est une autre personne, le contrat formé subsiste encore
mais le second adjudicataire est substitué au premier, et
c'est à lui qu'incombe l'obligation de payer les créanciers
hypothécaires ; la transcription du premier jugement
d'adjudication avait eu pour conséquence de transporter
le droit des créanciers de la chose sur le prix : il y a là
une sorte de droit acquis pour les créanciers qui ont
laissé périmer leurs inscriptions et il faut le respecter.
Nous admettrions la même solution au cas de revente sur
folle enchère.

Tout autre serait le cas d'une adjudication déclarée
nulle pour vice de forme et infirmée sur appel. Le premier jugement d'adjudication étant complètement anéanti
il ne pourrait produire aucun effet, et les inscriptions
qui n'auraient pas été renouvelées depuis ce jugement
seraient certainement périmées. Aussi en pratique, il est
prudent que les créanciers fassent renouveler leurs
inscriptions tant qu'ils n'ont pas été complètement désintéressés.

2° *Expropriation pour cause d'utilité publique.* —
Dans cette hypothèse, l'inscription reste soumise à la
nécessité du renouvellement jusqu'à l'expiration du délai
de quinzaine, qui suit la transcription du jugement
d'expropriation. Il résulte, en effet, de l'art. 17 de la loi
du 3 mai 1841, que les créanciers non encore inscrits
doivent le faire dans un délai de quinze jours après la
transcription du jugement d'expropriation ; s'ils négligent
de le faire, ils sont réputés n'avoir aucun droit sur
l'immeuble. Il semble ressortir de là, que les créanciers
hypothécaires déjà inscrits peuvent renouveler leur
inscription jusqu'à l'expiration de ce délai, par ce motif
que la publicité est nécessaire dans l'intérêt des créanciers à qui l'exproprié consentirait une hypothèque
postérieurement au jugement d'expropriation. De plus,

ce même art. 17 décide que l'expropriant sera libéré complètement et définitivement par le paiement de l'indemnité entre les mains des créanciers indiqués sur l'état d'inscription délivré à l'expiration de ce délai ; il faut donc que les créanciers dont l'inscription est sur le point de se périmer aient renouvelé leur droit, s'ils veulent figurer sur cet état et participer ainsi à la distribution des deniers. Remarquons enfin que dans cette hypothèse, il n'est pas possible de parler d'un contrat formé entre les créanciers et l'adjudicataire, car les créanciers ne sont pas parties à la procédure d'expropriation ; le jugement intervenu ne peut donc être invoqué ni pour ni contre eux.

3° *Aliénation volontaire.* — Cette aliénation ne devient parfaite que par la transcription du contrat. Par cette transcription, l'aliénation devient opposable aux créanciers hypothécaires ; à partir de ce moment, nulle inscription ne pourra plus être prise du chef du vendeur, et la chose sera remplacée, dans le patrimoine du débiteur, par une créance sur le prix. Mais il ne faut pas conclure de là que le droit des créanciers hypothécaires soit changé ; ils n'ont pas encore de droit personnel et direct sur le prix, et s'ils veulent agir pour obtenir le paiement de leur créance, ils devront le faire par l'action hypothécaire, car ils n'ont pas été parties au contrat d'aliénation, qui est à leur égard *res inter alios acta*. Pour exercer l'action hypothécaire, il faut que leur droit soit conservé par l'inscription : la nécessité de renouveler cette inscription subsiste donc, même après la transcription du contrat d'aliénation. La sommation de payer ou de délaisser laissera encore subsister cette obligation, car elle n'a pas pour effet de conférer à son auteur ou aux autres créanciers inscrits un droit direct sur le prix. C'est simplement une formalité préalable à la saisie et à l'expropriation forcée, et le créancier agit toujours au moyen de son action hypothécaire, qui n'existe plus si l'inscription n'a pas été renouvelée.

Mais la situation sera changée si l'acquéreur remplit les formalités de la purge. Il fait alors aux créanciers *inscrits* notification du contrat d'aliénation (art. 2183) et se déclare, en même temps, prêt à payer les créances hypothécaires qui grèvent l'immeuble (art. 2184). En vertu de cette offre, l'acquéreur devient personnellement débiteur envers les créanciers hypothécaires, et le droit des créanciers se trouve transporté de la chose sur le prix ; par suite, la nécessité de renouveler les inscriptions cesse. A quel moment précis cesse cette nécessité ? La question est controversée ; tandis que les uns proposent de fixer ce moment au jour de la notification et de l'offre qui ont été faites, les autres pensent que c'est seulement au jour où l'offre a été acceptée expressément ou tacitement par les créanciers inscrits, ce qui n'a lieu ordinairement qu'à l'expiration du délai de quarante jours réglé par l'art. 2185-1°. Pour ceux-ci, l'offre est une simple pollicitation qui ne peut produire d'effet qu'après avoir été acceptée ; pour les premiers, l'offre faite par l'acquéreur n'est pas une pollicitation, c'est une condition de la purge imposée par la loi, et l'acquéreur ne pourrait rétracter cette offre par sa seule volonté ; il y a là un acte d'une nature particulière, qui fait naître au profit de tous les créanciers, même de ceux dont la créance n'est pas exigible (art. 2184), un droit spécial, celui d'être payés de suite, même de leurs créances non échues, ou celui d'exiger la revente de l'immeuble en surenchérissant. Le droit des créanciers hypothécaires est dès lors transformé, et il n'est plus nécessaire de renouveler les inscriptions.

Ce système est celui qui domine tant en doctrine qu'en

jurisprudence. Mais il peut arriver qu'il y ait *surenchère,* soit parce que l'acquéreur ne paie pas, soit parce que les créanciers refusent d'accepter l'offre qui a été faite ; et alors on retrouve une discussion analogue à celle que nous avons déjà signalée, sur le point de savoir, si la surenchère n'a pas pour effet d'annuler tout ce qui a été fait jusque-là, d'où le renouvellement des inscriptions resterait nécessaire jusqu'au jour de l'adjudication ; — ou bien, si l'offre faite n'a pas constitué au profit des créanciers hypothécaires un droit irrévocable, en ce sens que cette offre aboutira nécessairement au paiement des créanciers soit par l'acquéreur lui-même, soit par le suren- chérisseur. Cette dernière opinion nous paraît être la bonne ; car à partir des notifications à fin de purge, les créanciers n'ont plus besoin de recourir à l'action hypothécaire pour faire valoir leurs droits. (1)

— Remarquons, en terminant, que la dispense de renouvellement n'est jamais que relative et qu'elle ne s'applique que dans les rapports des créanciers entre eux ou avec l'acquéreur. Ils agiront donc prudemment en renouvelant leurs inscriptions jusqu'au moment où ils auront été désintéressés complètement ; car il suffira que l'aliénation volontaire ou forcée de l'immeuble grevé soit suivie d'une revente, pour que leur droit ne soit plus opposable aux sous-acquéreurs ou aux créanciers per- sonnels de celui-ci.

SECTION III. — **Quelle est la forme du renouvellement ?**

Le renouvellement peut être requis par tous ceux qui avaient qualité pour prendre l'inscription originaire.

(1) Aubry et Rau III p. 379 § 280 note 23 — Baudry et de Loynes III n°s 1804 et 1805.

Il s'effectue au nom des personnes qui pouvaient figurer dans la première inscription, mais il n'est plus nécessaire de représenter au conservateur le titre constitutif de l'hypothèque, car la légitimité du droit du créancier est établie par l'existence de la précédente inscription. (1) Il suffit que le requérant présente de nouveaux bordereaux.

Ces bordereaux doivent-ils contenir toutes les énonciations requises par les art. 2148 et 2153 ? — Oui, d'après quelques auteurs, car le renouvellement est une inscription nouvelle qui doit en contenir tous les éléments ; l'art. 2154 semble renvoyer par son silence aux articles précédents. — Non, dit la jurisprudence avec beaucoup d'auteurs, les tiers seront suffisamment éclairés par la connaissance qu'ils ont du renouvellement, car il leur sera facile alors de se reporter à l'inscription primitive qui leur fournira tous les renseignements qu'ils désirent. (2).

Nous préférons la première opinion ; en effet, renou-

(1) Instr. de la Régie du 2 avril 1834, et 13 août 1865.

(2) Comme conséquence de cette théorie, la jurisprudence décide : que l'erreur commise dans la désignation du créancier n'est pas une cause de nullité de l'inscription prise en renouvellement. (Req. 9 fév. 1891, D. 92. 1. 11. S. 92-1-113) ; — qu'il en est de même quand la nouvelle inscription ne contient pas d'élection de domicile pour le créancier (Douai 27 décembre 1892, D. 93-2-525 ; — qu'il suffit d'y désigner le débiteur originaire, qui a constitué l'hypothèque et qu'il n'est pas nécessaire d'y indiquer les tiers détenteurs, qui ont sucessivement acquis l'immeuble grevé (Cass. 5 avril 1892. D. 92 1-283) ; — qu'il n'est pas indispensable de rappeler la date ou la nature des titres ou l'époque d'exigibllité de la dette Rennes, 21 juillet 1888, D. J. G. suppl.) V° Priv. et hyp. n° 830. Mais dans tous ces cas, la jurisprudence exige qu'on indique d'une façon précise, que l'inscription est prise en renouvellemenĭ d'une inscription précédente ; il importe en effet aux tiers de savoir à quelle date cette inscription a été prise, afin qu'ils puissent connaître le rang de la créance.

veler une inscription, c'est la reproduire dans ses formes
et avec ses énonciations primitives. Le législateur, en
exigeant la formalité du renouvellement, s'est proposé
pour but d'augmenter la publicité et de faciliter les
recherches en diminuant le nombre des registres à consulter. Ce but ne serait pas atteint si les parties étaient
obligées de recourir à des registres anciens et remontant
à 20 et 30 ans dans le passé, (ce qui arriverait, s'il y avait
eu plusieurs renouvellements successifs). Dans ces conditions, seule l'énonciation de la nature du titre ne serait
pas indispensable ; car l'existence de la première inscription en prouve suffisamment la régularité.

Quoi qu'il en soit, il est dans tous les cas nécessaire que
le bordereau de renouvellement rappelle l'inscription
renouvelée ; autrement, l'inscription nouvelle ne prendrait date que du jour du renouvellement. En effet, le
principe de la publicité veut qu'une inscription ne puisse
conférer un rang antérieur à sa date, si rien n'annonce
aux tiers que cette inscription n'est que la continuation
d'une inscription précédente.

Une inscription nouvelle peut contenir des énonciations
que ne renfermait pas la première inscription. S'il y eu
cession ou subrogation, cette inscription devra en faire
mention, tout en indiquant clairement la créance ancienne.

L'un des bordereaux de renouvellement peut, sans
contravention aux lois sur le timbre, être porté en marge
ou à la suite de l'expédition du titre, même si le bordereau de la première inscription y a déjà été inscrit (1).

(1) Solution de la Régie 12 juin 1863. — S. 64. 2. 312.

CHAPITRE VI.

EXAMEN CRITIQUE DE NOTRE MODE DE PUBLICITÉ DES HYPOTHÈQUES.

Disons d'abord, à la louange des rédacteurs du Code civil, qu'ils ont bien fait d'adopter pour la publicité des hypothèques un autre mode que celui qu'ils avaient adopté pour la publicité des donations. La publicité par la voie de l'inscription est en effet préférable à la publicité par la voie de la transcription qui exige la *copie littérale du contrat* sur les registres publics. Ce dernier moyen présente le grave défaut de charger les registres d'écritures surabondantes, qui le plus souvent ne présentent d'intérêt que pour les parties seules ; il est aussi plus dispendieux et moins expéditif : il nécessite l'emploi d'une grande quantité de timbre, et apporte à l'accomplissement de la formalité des retards quelquefois considérables. Il arrive souvent qu'un acte à transcrire, un contrat de vente ou une donation par exemple, contient des dispositions très nombreuses et très longues, au milieu desquelles le droit réel concédé n'est pas facilement apercevable ; souvent à ce contrat sont jointes des procurations et autres annexes : toutes ces dispositions et toutes ces annexes devront être copiées littéralement sur le registre du conservateur, et lorsqu'il sera besoin de recourir à ce registre, il sera très difficile de retrouver la disposition qu'il importe de connaître. Aussi, c'est avec raison qu'on a pu dire que la transcription fait disparaître la publicité, ou qu'elle l'obscurcit étrangement sous l'entassement des contrats qu'il faut lire (1).

Contrairement à ce système, l'hypothèque est rendue publique par la voie de l'inscription. Nous savons comment cette inscription est faite ; le conservateur copie intégralement sur son registre des formalités un des bordereaux qui lui sont présentés (2), bien que l'art. 2150 du Code civil semble ne pas le décider ainsi. Cette façon de procéder est très défectueuse ; aussi la pratique se basant sur une décision ministérielle du 8 août 1838, avait admis, conformément à une saine interprétation de l'art. 2150, que les inscriptions pourraient être faites à l'aide d'*extraits littéraux* (3) ; c'était apporter une grande simplification ainsi qu'une grande économie de temps et d'argent dans l'accomplissement de la formalité, aussi serait-il désirable qu'on revienne à cet état de choses. La seule difficulté de ce système, serait de savoir à qui attribuer le soin de la rédaction de l'extrait. En Prusse, c'est le magistrat qui fait l'extrait ; à Genève, c'est le conservateur. Il vaudrait mieux, selon nous donner cette mission aux notaires, qui sont mieux placés que quiconque pour cela, puisqu'ils ont été le plus souvent rédacteurs de l'acte créateur de l'hypothèque.

Certains pays, l'Italie, par exemple, ont simplifié tout à fait le travail du conservateur. Ils exigent le dépôt, au bureau de celui-ci, d'une expédition ou d'un double de la minute de l'acte constitutif d'hypothèque. La collection en est reliée en un volume, qui correspond à notre

(1) Flour de Saint-Genis. — *Le Crédit territorial en France et la réforme hypothécaire*, 1888, page 138.

(2) Décision ministérielle du 11 février 1865.

(3) Instruction générale de l'enregistrement, n° 1569, — Il s'agissait bien entendu d'extraits *littéraux* et non d'extraits *analytiques*, dans la rédaction desquels les erreurs pourraient être fréquentes.

registre des inscriptions. Ce procédé qui présente de sérieux avantages, pourrait encore être simplifié ; il suffirait pour cela d'exiger le dépôt de bordereaux ou d'extraits en lieu et place des expéditions ou des doubles minutes ; on arriverait ainsi à confondre le registre de dépôt et celui des formalités en un seul. Cette réforme que des praticiens éminents ont proposée, serait certainement heureuse.

— Après ces considérations générales, il importe d'entrer dans le détail des inconvénients de notre système de publicité hypothécaire. Ce système est *défectueux dans la forme et dans le fonds.* Les défectuosités de fond sont nombreuses ; elles ont déjà été l'objet d'une foule de critiques et de projets de loi dont aucun n'a encore abouti : ces défectuosités tiennent à la clandestinité et à la généralité des hypothèques légales des incapables (art. 2135) ; à la possibilité de voir les créanciers hypothécaires régulièrement inscrits, primés par les créanciers à privilèges généraux de l'art. 2101, dont le droit est conservé indépendamment de toute inscription (1) ; à la rétrooctivité accordée à l'inscription des privilèges immobiliers (sauf au privilège du constructeur); enfin, à la clandestinité qui plane sur beaucoup d'actes de transmission de la propriété immobilière. Toutes ces défectuosités, qui tiennent au fonds de notre régime de publicité hypothécaire, sont autant d'obstacles à ce que les conservateurs puissent fournir aux intéressés des renseignements complets ; nous n'avons pas l'intention de les étudier. Un projet de loi, récemment déposé sur

(1) Ces privilèges ne garantissent le plus souvent que des droits de minime importance, mais les créances qu'ils garantissent peuvent, en se superposant les unes aux autres, atteindre quelquefois un chiffre très élevé, et absorber une grosse partie du gage hypothécaire, au grand détriment des créanciers inscrits.

le bureau du Sénat, par M. Darlan, garde des sceaux, nous donne d'ailleurs presque complètement satisfaction sur ce point (1). Nous nous bornerons à l'examen des défectuosités de forme, et elles sont nombreuses.

— *Les défectuosités de forme* tiennent à la mauvaise rédaction du bordereau qui sert de base à l'inscription, au mode de publicité adopté qui est la publicité personnelle, source intarissable d'incertitudes, de difficultés et de lenteurs, à la nécessité du renouvellement décennal de l'inscription, à la défense faite aux intéressés de consulter directement les registres publics, etc. Nous nous proposons de les examiner.

1° *Rédaction du bordereau.* — Comme nous le savons déjà, le bordereau d'inscription peut être rédigé par le premier venu ; la loi ne charge personne de ce soin d'une façon spéciale. Elle aurait dû pourtant y veiller, car le bordereau, étant *reproduit littéralement sur le registre du conservateur*, ne peut qu'être une cause de difficultés et d'erreurs, s'il n'est pas rédigé conformément à la loi. Comment, en effet, exiger que le conservateur des hypothèques y puise les renseignements à fournir aux intéressés, si l'instrument qu'on lui met entre les mains est défectueux, et si on ne lui permet pas de vérifier les pièces qui lui sont apportées ?

La rédaction du bordereau d'inscription est chose très délicate ; il serait bon qu'elle soit toujours faite par une personne capable de la formuler conformément aux dispositions de l'article 2148. Mais souvent dans la pratique, cette mission est confiée à des clercs inexpérimentés dont le travail n'est pas toujours surveillé. Pourtant la rédaction de cet acte a une grande importance :

(1) Voir ce projet de loi dans la *Gazette des Tribunaux* du 25 février 1897.

il suffit que le bordereau ait omis une des minutieuses formalités indiquées par l'article 2148 du Code civil, telles que la désignation du débiteur, celle de l'immeuble et sa situation précise, la mention de la date et de la nature du titre, l'indication du montant de la créance ou de l'époque d'exigibilité, pour que l'inscription puisse de ce fait être frappée d'inefficacité. Cette nullité n'est pas, il est vrai, prononcée formellement par l'art. 2148, et la loi ne s'explique même pas sur cette question. L'article 2134 dit bien que l'inscription ne donne rang à l'hypothèque que lorsqu'elle est faite *dans la forme et de la manière prescrite par la loi*. Ce qui constitue cette forme, c'est la présentation des bordereaux au conservateur et la mention de leur contenu sur le registre des inscriptions ; l'absence de cette formalité entraînerait sûrement la nullité de l'inscription, mais on ne peut décider que l'absence dans le bordereau d'une des énonciations prescrites par l'article 2148 doive dans tous les cas entraîner la nullité de l'inscription. On ne peut pas décider non plus qu'aucune des énonciations exigées par l'art. 2148 n'est requise à peine de nullité. Qui oserait soutenir, par exemple, qu'une inscription ne contenant pas le nom du débiteur dont les biens sont grevés de l'hypothèque, pourrait être déclarée valable ? ou que l'inscription où un des prénoms du créancier a été omis peut être annulée ? — La doctrine et la jurisprudence s'accordent pour décider que parmi les énonciations prescrites par l'article 2148 du Code, il y a lieu de distinguer entre les énonciations *réglementaires* ou accessoires et les énonciations *substantielles* (1). Les énonciations substantielles sont les seules dont l'absence entraînera la nullité de l'inscription. Il n'est pas besoin de texte

(1) Aubry et Rau, III, § 276, 2°, p. 346.

pour le décider ainsi, car on sait qu'à côté des nullités
expresses, il existe des nullités virtuelles. L'inscription a
pour mission d'assurer le fonctionnement de la publicité
hypothécaire ; il est juste qu'on exige à peine de nullité
qu'elle contienne les renseignements nécessaires pour
réaliser le but de la publicité, et que la nullité fût
encourue chaque fois que l'irrégularité commise peut
avoir pour conséquence de léser les tiers que la publicité
devait éclairer.

Mais quelles seront les énonciations substantielles ?
quelles seront les énonciations accessoires ? Cette question
est l'objet de discussions nombreuses et de grandes difficultés. Nous n'avons pas l'intention d'entrer dans ces
discussions ni d'aborder ces difficultés ; nous nous bornerons à dire, suivant l'opinion de MM. Aubry et Rau à
laquelle la plupart des jurisconsultes tendent à se rallier,
qu'on doit comprendre parmi les énonciations substantielles « celles qui sont nécessaires à la complète réalisation du double principe de la publicité et de la spécialité des hypothèques » (1). Le principe ainsi posé, il ne
reste plus qu'à en tirer les applications. On s'accorde
généralement à considérer comme *substantielles* : la désignation de la nature et de la situation des *biens grevés,*
l'indication du *montant de la créance,* Ces mentions
constituent en effet la *spécialité* de l'hypothèque et de
l'inscription (2). — On est d'accord aussi pour regarder
comme substantielle la désignation exacte du *débiteur,*
qui est indispensable pour rechercher les charges qui
pèsent sur lui et sur ses immeubles ; au contraire la désignation du *créancier* est généralement réputée comme

(1) Aubry et Rau, III, §276, 2° p. 348.

(2) Cass. 11 nov. 1811, S. 12. 1, 132. — Riom, 18 janvier 1841.
D. 51, 2, 206 ; Cass. 12 nov. 90, S. 91, 1, 199.

accessoire (1) : elle n'est en effet requise que dans son intérêt personnel. — La mention relative à la *date* et à la *nature* du titre, qui permet aux intéressés d'apprécier la légitimité de l'hypothèque (capacité des parties, forme de l'acte constitutif), est aussi généralement regardée comme une énonciation substantielle (2).

Pour ce qui est de la mention de *l'élection de domicile,* il y a contestation. Malgré un arrêt contraire de la Cour de Cassation, on admet généralement qu'il y a là énonciation accessoire ; cette énonciation peut être utile, il est vrai, aux tiers créanciers ou acquéreurs, qui ont des notifications ou significations à faire, mais elle n'est pas nécessaire pour assurer à l'hypothèque une publicité suffisante. La seule sanction, qui semble devoir s'attacher à l'omission de l'élection de domicile, est de priver le créancier du droit d'exiger : lesdites notifications et significations au domicile élu (3), notifications qui doivent lui être faites en cas de purge, de saisie immobilière et d'ouverture d'ordre.

Relativement à la mention de *l'époque d'exigibilité* de la créance, une jurisprudence très rigoureuse a toujours décidé qu'il y a là énonciation substantielle. A l'origine, on avait fréquemment omis cette énonciation, qui n'a pourtant pas pour les tiers une utilité tellement considérable, et la Cour de cassation avait annulé impitoyablement toutes les inscriptions où se trouvait cette omission. Cette sévérité amena une grande perturbation dans le fonctionnement du crédit hypothécaire ; d'énergiques réclamations se firent entendre, et le législateur fut obligé d'intervenir

(1) Cass. 9 février 1891. D. 92, 1, 11.

(2) Cass. 9 janvier 1888. D. 88, 1, 176.

(3) Aubry et Rau III § 276 p. 350. — V. contra Nancy 9 avril 1889, *Journal de l'engistrement,* n° 23. 346. — Agen, 23 mars 1892, id. n° 23. 915.

pour déterminer le sens et les effets de l'art. 2148 (Loi du
4 septembre 1807). Cette loi accorde un délai de six mois
pour rectifier les inscriptions ainsi viciées. Sous cette
condition de rectification, l'inscription serait réputée
« complète et valable» (art. 2), sinon elle restait entachée
d'irrégularité. Par cette loi, le législateur semblait con-
firmer la jurisprudence sévère de la Cour de cassation ;
aussi la presque unanimité des auteurs et la jurisprudence,
décident-elles, que la mention de l'époque de l'exigibilité
de la créance est requise à peine de nulité. (1) On doit
en effet considérer la loi de 1807 comme étant l'interprétation législative de l'art. 2148-4°.

D'après ce qui précède, on peut voir combien de soin
et de vigilance, il convient d'apporter à la rédaction des
bordereaux. C'est malheureusement le contraire qui se
passe dans la pratique : « mal rédigés, embarrassés de
détails inutiles, d'indications surabondantes, dont les
ratures et les renvois ne sont pas approuvés, ils ne sont
jamais signés par le requérant responsable. » (2) Tout
cela explique le motif pour lequel la jurisprudence a si
souvent l'occasion de se prononcer sur des questions
relatives à la rédaction des bordereaux ; son intervention
n'est pas seulement nécessitée par les omissions qui y
sont faites, mais aussi par les défectuosités et les erreurs
qui s'y rencontrent. Ces défectuosités et ces erreurs
n'entrainent sans doute la nullité de l'inscription qu'autant qu'elles équivalent à l'omission même de la formalité,
et dans la mesure où ces erreurs peuvent mettre en échec

(1) Cass. 6 déc. 1844, D. 45-1-15. — Bordeaux 12 janvier 1887, D.
87-2-191. — Troplong ne voit au contraire dans cette loi qu'une
disposition transitoire, ne disposant pas pour l'avenir (*Priv. et
Hyp*. III. n° 685).

(2) Tel est le témoignage, un peu exagéré peut-être, d'un conservateur des hypothèqnes, M. Flour de Saint-Genis.

la règle de la publicité ou de la spécialité : ainsi, une inscription prise pour une somme inférieure au montant de la créance ne conservera que cette somme ; ainsi encore, le défaut d'indication des accessoires de la créance enlève au créancier le droit de réclamer ces accessoires à son rang hypothécaire. Mais il n'en est pas moins vrai qu'il est absolument regrettable de voir subordonner à une formalité aussi mal organisée, « les droits acquis les plus respectables, qui se trouvent ainsi livrés à la merci d'une erreur de rédaction souvent très réparable » (1).

Pour obvier à ces inconvénients, auxquels échappait l'édit de 1673, parce que, contrairement à notre Code et à la loi de brumaire an VII, il avait prévu les cas d'irrégularités dans l'« 'opposition » (2), il serait bon d'exiger que la rédaction des bordereaux soit faite sous la responsabilité des notaires, qui déjà aujourd'hui se chargent le plus souvent de requérir les inscriptions hypothéraires relatives aux actes passés en leur étude. Peut-être pourrait-on aussi donner aux conservateurs la mission de rédiger personnellement le libellé des inscriptions ; ou bien encore décider, comme le fait d'ailleurs la loi belge de 1851, que l'inscription n'encourrait la nullité pour vice de forme, qu'autant que l'irrégularité commise serait de nature à induire les tiers en erreur ou à leur causer préjudice (3). La même loi décide aussi en son article 83 qu'« à défaut d'élection de domicile les significations et notifications pourront être faites au procureur du Roi. »

— Une défectuosité de notre système de publicité, qui tient aussi à la rédaction du bordereau, dérive de ce

(1) Besson, op. cit. p. 167.

(2) V. *Edit. de Colbert* art. 13, 14, 15, 16 et 17.

(3) Article 86 « L'omission de l'une ou de plusieurs des formalités prescrites n'entraînera la nullité de l'inscription ou de la mention que lorsqu'il en résultera un préjudice au détriment des tiers. »

fait que la loi n'exige pas que les bordereaux soient
signés (Art. 2148) (1). C'est là une grave erreur. On ne
peut dire, en effet, qu'une fois que le conservateur a
entre les mains le titre constitutif de l'hypothèque, cette
formalité devient inutile. Le conservateur, qui a commis
une erreur en transcrivant le bordereau sur son registre,
pourra facilement, si cette erreur est préjudiciable aux parties et si elle engage sa responsabilité, se mettre à couvert
en modifiant le bordereau qui se trouve entre ses mains
ou en y substituant un autre. D'autre part, l'inscrivant
pourra imputer au conservateur, les renvois et ratures,
qu'il aura faits dans le bordereau, car la loi n'exige pas
plus que ces renvois et ratures soient approuvés qu'elle
n'exige la signature du bordereau. La comparaison des
deux bordereaux ne suffira pas toujours pour faire
disparaître le doute, et montrer la vérité, car il a presque
toujours été admis, qu'au point de vue de la preuve, le
bordereau du conservateur l'emportait sur l'autre (2).

La signature des bordereaux aurait, pour effet,
d'assurer l'identité des pièces représentées ; elle serait de
plus une garantie contre la fraude : elle ferait reculer
certainement les individus qui, sans mandat, sous le
couvert de l'anonyme, chercheraient à porter atteinte au
crédit d'un tiers, en prenant sur lui des inscriptions
mensongères ou en renouvelant des inscriptions qui
n'ont plus d'objet et qui n'ont pas été radiées (3). Enfin la

(1) Avis du Conseil d'Etat du 6 octobre 1851.

(2) Baudot *Traité des formalités hypothécaires,* N° 321. — De
plus, en cas de dissemblance entre les bordereaux, le registre du
conservateur seul fait foi, et le conservateur est complètement à
couvert lorsque l'inscription portée sur le registre est conforme en
tous points au bordereau resté entre ses mains. V. Aubry et Rau.
III, § 268 texte et note 2.

(3) On sait, en effet, que pour renouveler une inscription, il n'est
pas indispensable que le requérant représente le titre constitutif de
l'hypothèque.

signature des bordereaux serait encore d'une grande utilité, parce qu'elle ferait connaître le requérant responsable contre qui des dommages-intérêts peuvent être demandés en cas d'erreur ou d'omission dans la rédaction.

L'utilité de cette formalité a d'ailleurs été reconnue, car les projets de réforme de 1851 l'avaient exigée. De plus, lorsqu'on établit en 1874 l'hypothèque maritime, la loi ordonna que les bordereaux d'inscription soient signés.

2° Renouvellement décennal de l'inscription. — Tous les inconvénients que nous venons de signaler se représentent à chaque renouvellement d'inscription, et à ce point de vue, la nécessité du renouvellement décennal peut entraîner de fâcheuses conséquences. Chaque inscription renouvelée demande autant de régularité et de soin que l'inscription primitive, une erreur ou une omission faite dans le bordereau de renouvellement peut entraîner pour le créancier la perte de son rang, et les questions qui peuvent se poser à l'occasion de la rédaction des bordereaux peuvent encore se poser à ce moment. — Un autre inconvénient à signaler, c'est que, d'après la jurisprudence et la majorité des auteurs, les renouvellements d'inscriptions peuvent être valablement effectués sous le nom de celui qui a consenti primitivement l'hypothèque (1). Il suffit d'y désigner le débiteur originaire, sans qu'il soit besoin d'indiquer les tiers détenteurs qui ont successivement acquis l'immeuble grevé. Cet état de choses fait naître de grosses difficultés pour le conservateur des hypothèques, car il complique considérablement les recherches.

(1) Baudry et de Loynes. Op. cit. tome III, Nᵒˢ 1748 et 1767 et note. — Cass. 5 avril 1892, D. 92, 1,283; S. 92. 1. 489.

La péremption décennale de l'inscription est de plus un danger pour le créancier, et n'a d'utilité pour personne (1); il arrive trop souvent que le rang d'une hypothèque est perdu par un oubli ou un retard de quelques jours, ou par la négligence d'un mandataire. — De plus, la péremption décennale nuit considérablement à la clarté des états délivrés par le conservateur : souvent, en effet, des propriétaires fonciers, soit pour éviter des frais, soit par négligence, s'abstiennent de faire radier les inscriptions prises sur leurs biens et attendent l'accomplissement de la péremption. Quoique ces inscriptions n'aient plus aucun objet, elles doivent néanmoins trouver place dans les certificats du conservateur, qui est tenu de certifier l'existence de toutes les inscriptions non radiées. En prenant au hasard dix comptes sur un des répertoires du bureau du Havre, M. Flour de Saint-Genis a trouvé pour 120 inscriptions, 63 péremptions contre 34 radiations (2). Il résulte de cet état de choses, « un grand encombrement des registres et des situations apparentes qui faussent l'état hypothécaire réel des propriétaires. »

Si on ajoute à cela que l'art. 47 du décret loi du 28 février 1852, instituant des sociétés de crédit foncier, dispense de la nécessité du renouvellement, pendant la durée du prêt, les inscriptions prises au profit desdites sociétés, et que, d'après la jurisprudence, cette dispense s'étend aux tiers subrogés dans leurs droits, (3) on peut avoir une idée de l'état embrouillé où peut se trouver le crédit d'un propriétaire, et des difficultés qui peuvent se présenter.

(1) Documents de l'enquête de 1844, II, p. 647 et s. (Opinion de la Faculté de Dijon).

(2) Flour de St-Genis. Op. cit. p. 163.

(3) Toulouse 1er mars 1889. Journal de l'enregistrement et des domaines, n° 23.424.

En 1844, lors de l'enquête officielle sur le régime hypothécaire, les cours d'appel de Paris et d'Angers avaient demandé que le délai de renouvellement soit fixé à vingt ans ; les cours d'Amiens, Bastia, Bordeaux, Douai et beaucoup d'autres portaient ce délai à trente années. L'inscription avait alors une durée adéquate au délai requis pour la prescription du titre hypothécaire. (1).

Les inconvénients de la nécessité du renouvellement décennal ne doivent pas cependant en faire proposer la suppression tant que nous aurons en France un système de publicité personnelle. Il nous semble que l'obligation de renouveler l'inscription pourrait peut-être servir utilement les intérêts du crédit ; mais pour cela, il faudrait qu'on ne l'exige que tous les trente ans, afin d'éviter l'encombrement des registres ; il faudrait aussi qu'on déclare nécessaire la radiation des inscriptions devenues sans objet, et qu'on oblige le requérant à mentionner exactement les noms des parties actuellement intéressées au renouvellement ; cela faciliterait le travail du conservateur, qui ne peut pas donner un état d'inscription sur le propriétaire actuel, si on ne lui indique que le nom des précédents propriétaires. — Si toutefois l'on se décidait à introduire en France le système des livres fonciers réels, la nécessité du renouvellement n'auraient plus sa sa raison d'être ; car toutes les modifications subies par l'immeuble étant portées sur un même feuillet, il suffira de consulter ce feuillet pour être renseigné.

3° *Publicité par noms de personnes.* — Ainsi que nous l'avons vu, le Code civil contient un système de publicité personnelle ; les hypothèques sont inscrites sous le nom du propriétaire de l'immeuble grevé. Il devait nécessai-

(1) Documents. I. Introduction page CLXV.

rement en être ainsi à l'époque où le Code a été rédigé, car le cadastre, qui sert de base à toute publicité réelle n'était pas encore dressé ; de plus, il y avait des hypothèques non spécialisées, comme les hypothèques des mineurs et des femmes mariées, qui auraient rendu impossible l'application d'un système de publicité basé sur le cadastre ; ces hypothèques, telles que le Code les a organisées, ne peuvent en effet être inscrites que sous le nom des grevés.

Cette manière de procéder, lorsqu'elle n'est pas accompagnée de répertoires fonciers destinés à faciliter les recherches, est très défectueuse, et ses inconvénients sont nombreux, si nombreux que certains auteurs, effrayés de voir l'incertitude que notre mode de publicité des hypothèques faisait planer sur les droits réels immobiliers, ont demandé l'adoption en France du système des Livres fonciers germaniques. Nous verrons plus loin les motifs qui nous empêchent de partager complètement leur opinion. Mais les critiques qu'ils ont faites sont néanmoins justifiées. Il est, en effet, presque impossible avec le système de la publicité personnelle, telle qu'elle est organisée par nos lois, d'arriver à obtenir avec précision les renseignements qu'on recherche.

— Si l'on demande un *état d'inscription sur un individu déterminé*, le conservateur se reportera à son répertoire des comptes individuels et recherchera s'il existe des inscriptions classées sous le nom de celui qu'on lui a désigné. Si l'individu sur qui on requiert est bien celui qui a constitué l'hypothèque, le préposé arrivera facilement à satisfaire la curiosité du requérant ; mais dans le cas contraire, il lui sera souvent impossible de le faire. Pour cela, il suffit de supposer que le propriétaire de l'immeuble ne porte pas le même nom que son prédécesseur qui a constitué l'hypothèque ; l'immeuble peut, en effet, avoir changé de mains sans qu'aucune mention soit nécessairement faite sur les registres du conservateur (mutation par décès ou acte déclaratif). On aboutira alors à ce résultat bizarre, que les requérants eux-mêmes devront donner aux conservateurs chargés de les renseigner, des renseignements sur le point de savoir quels sont les ayants-cause du propriétaire et quels sont les biens qui appartiennent à celui-ci. Il semble pourtant que sous une législation qui consacre le principe de la publicité, c'est le contraire qui devrait exister. — Remarquons enfin que si le requérant a donné au conservateur les renseignements nécessaires pour qu'il puisse faire une recherche exacte, le certificat délivré pourra encore être trompeur, attendu qu'il pourra ne pas mentionner les hypothèques dispensées d'inscription.

— Lorsque le requérant demande un *état d'inscription sur un immeuble déterminé*, la difficulté d'obtenir des renseignements complets est plus grande encore. En effet, l'immeuble, objet des recherches, n'est pas porté d'une façon spéciale sur les tables de la conservation. Il en résulte une impossibilité absolue de connaître les charges qui le grèvent, si on ne connaît pas le nom de son propriétaire. C'est donc le nom du propriétaire qui servira de base aux recherches faites par le conservateur. Par suite, l'acquéreur qui, dans le but de procéder à la purge, veut savoir quelles sont les charges réelles qui grèvent son acquisition, devra énumérer, dans sa réquisition, les précédents propriétaires, ou du moins indiquer au conservateur une transcription où il trouvera ces noms indiqués.

C'est alors que commenceront les recherches du conservateur. Si nous le suivons quelques instants dans son travail, nous ne tardons pas à nous apercevoir des nombreuses difficultés qui surgissent. D'abord, le préposé

peut avoir des doutes sur *l'identité de l'immeuble,* objet
de la réquisition, puisque le plus souvent le numéro
cadastral de cet immeuble n'y est pas mentionné, pas
plus qu'il ne l'a été dans les bordereaux d'inscription. Il
n'est pas toujours facile, en effet, de déterminer physiquement un immeuble, et il y en a relativement très peu
qui présentent une individualité propre, comme une forêt,
un parc, une maison. La plupart des immeubles, surtout
ceux qui forment les cent cinquante millions de parcelles
qui constituent la propriété rurale, ne peuvent être
déterminés physiquement qu'avec beaucoup de difficultés,
car ces parcelles ressemblent toutes les unes aux
autres; suivant l'expression figurée de M. Bonjean, « il
n'est pas plus facile de distinguer une parcelle de ses
voisines, que, dans une corbeille d'oranges, de distinguer
un de ces fruits de l'autre. » Pour être fixé d'une façon
certaine sur la détermination physique de l'immeuble, il
n'y a qu'un seul moyen, c'est d'exiger que l'immeuble
soit désigné sous le numéro du cadastre qui lui est réservé.
Les énonciations dont on se sert habituellement à cet
effet sont loin d'être suffisantes : l'indication du nom de
la commune ou même du hameau, quartier, ou lieu-dit,
accompagnée de la nature de la propriété, des tenants et
aboutissants et de la contenance ne suffit pas toujours
pour spécifier l'immeuble (1); et pourtant ce sont là les
seuls éléments qui servent à cet usage dans la pratique.

La nature de la propriété n'indique rien de spécial à
telle parcelle, car souvent dans une commune beaucoup
de parcelles offrent le même aspect; et si la parcelle
visée présentait une particularité quelconque, cette particularité peut facilement disparaître (bois défriché, pré

____

(1) Voir à ce sujet les remarquables observations de M. Bonjean :
Révision et conservation du cadastre, 1874, 1re partie p. 233 et suiv.

mis en labour). — La désignation de l'immeuble par les tenants et aboutissants laisse aussi beaucoup à désirer : « la terre est tellement divisée, et les rapports de voisinage tellement multipliés que, dans une même commune, il y a toujours un certain nombre de parcelles qui ont absolument les mêmes tenants et aboutissants » (1). De plus, pour peu que ces indications remontent à quelques années, on comprend que par l'effet des mutations qui s'opèrent, on ne puisse plus retrouver un seul des noms mentionnés au titre primitif. — L'indication de la contenance de la parcelle hypothéquée pourrait être d'une grande utilité ; mais en pratique, des erreurs nombreuses s'y glissent volontairement ou involontairement, de plus quand bien même cette indication serait scrupuleusement exacte, elle ne prouverait pas toujours l'identité du fonds.

Le seul moyen de fixer l'identité de chaque parcelle c'est de la désigner dans les actes et sur les registres du conservateur par le numéro sous lequel elle figure au plan cadastral. Le cadastre doit être l'auxiliaire le plus utile des registres hypothécaires, car seul il est à même de donner à l'immeuble une désignation rigoureusement exacte, seul il peut individualiser cet immeuble, car il prouve non seulement sa contenance et ses limites mais encore sa véritable situation topographique.

Au lieu d'avoir cette mission protectrice relativement à la propriété foncière, le cadastre actuel n'est muni d'aucune force probante quant à la détermination des limites de la propriété ; ce cadastre n'est qu'un simple instrument financier et n'a été établi que pour servir de base à la répartition de l'impôt foncier. Commencé en 1808, le plan cadastral n'a été terminé qu'en 1845, et.

(1) Op. cit. p. 233.

sauf dans quelques communes, comme Lyon, Bordeaux, Lille et Marseille, où on n'a pas hésité à faire la dépense d'une refonte complète de ce plan, il ne concorde plus avec l'état matériel du sol, car on a négligé de le tenir au courant des transformations qui s'opéraient. Pour avoir l'utilité qu'il est destiné à procurer au point de vue de la sécurité des hypothèques et de la solidité de la propriété immobilière, il serait peut-être bon de procéder à un remaniement complet du plan cadastral et de le tenir au courant des changements qui se produisent. Cette réforme réalisée, tous les immeubles seraient particularisés : ils auraient leur numéro spécial et une désignation rigoureusement exacte. On pourrait alors travailler sérieusement à la réforme du mécanisme de nos registres hypothécaires et adopter un mode de publicité qui reposerait complétement sur l'immeuble. Tous les renseignements relatifs à cet immeuble seraient ainsi groupés sur un feuillet spécial, et d'un rapide coup d'œil on pourrait se rendre compte de sa situation hypothécaire.

— Supposons maintenant que l'immeuble désigné par le requérant soit suffisamment spécialisé pour éviter toute chance d'erreur de la part du conservateur ; les recherches qu'il fera seront-elles dès lors dépourvues d'incertitude et donneront-elles toujours les renseignements désirés ? Il serait téméraire de l'affirmer, car l'*identité des personnes* désignées dans la réquisition peut très facilement égarer les recherches du conservateur. Le requérant qui veut avoir un état exact, doit, autant que possible, indiquer les noms des propriétaires successifs de l'immeuble ; si la réquisition est limitée aux inscriptions grevant le propriétaire actuel, le conservateur n'y fera figurer que les hypothèques prises au nom de celui-ci, et les inscriptions prises contre les propriétaires antérieurs n'y seront pas comprises. D'autre part, il est très ordinaire de trouver dans les réquisitions des inexactitudes dans l'indication des noms, prénoms et domicile des précédents propriétaires ; il suffit pourtant qu'il manque un seul nom ou un seul prénom, ou qu'on indique tous les prénoms d'un individu alors que l'inscription n'en contient qu'un seul (1), pour que le conservateur s'égare dans ses recherches et pour qu'il ne fournisse que des renseignements incomplets : car il se peut très bien que la personne omise soit précisément celle qui aura grevé l'immeuble de l'hypothèque.

Cette désignation des personnes qui font l'objet de la réquisition a une importance capitale ; si elle est exacte, les recherches du conservateur ne seront pas stériles ; si elle est inexacte, ou seulement, s'il y a doute sur l'identité des personnes désignées, le préposé délivrera un certificat incomplet, ou bien, il le délivrera trop complet, en ce sens qu'il attestera l'existence d'hypothèques étrangères aux individus inexactement désignés. Les omissions que pourraient faire les conservateurs, n'engageraient nullement leur responsabilité, puisqu'ils sont liés par les termes de la réquisition qui leur a été faite, et ils ne pourraient pas suppléer aux lacunes, ni corriger les irrégularités commises par les requérants (2), parce qu'ainsi, ils se substitueraient aux parties. Leur mission ainsi comprise serait trop périlleuse, et il n'est pas entré dans l'esprit du législateur de la leur imposer. Chargés

(1) Brioude, 4 juin 1884, *Journal de l'enregistrement et des domaines*, n° 22, 373. — Voir le discours du Président Bonjean à la séance du Sénat du 6 avril 1866 (*Moniteur universel* du 7 avril 1866, p. 401).

(2) Cour d'Alger, 11 mars 1889, *Journal de l'Enregistrement*, n° 23.208. — Riom, 15 mai 1893, n° 24-204. — Tarbes, 28 février 1894, n° 24.406. — Pau, 14 mars 1895, n° 24.862.

de délivrer des extraits de leurs registres en vue d'assurer le service de la publicité hypothécaire, ils ne peuvent certifier que ce que ces registres contiennent, et ils ne sauraient, sans se faire juges d'une situation qui échappe à leur compétence, attester qu'une inscription prise au nom d'un individu déterminé grève réellement les biens d'un individu désigné sous des noms et même sous des prénoms différents. Cet état de choses produit dans la pratique des conséquences déplorables, et les nombreux procès auxquels il donne lieu montrent surabondamment l'urgence d'une réforme (1).

La tenue des registres hypothécaires par noms de personnes, telle qu'elle est organisée dans notre droit français, est donc très défectueuse. Les recherches y sont rendues très lentes, par suite des nombreux registres qu'il faut consulter pour délivrer un état d'inscription ; « disséminés dans une longue suite de volumes, sous les noms des propriétaires et des grevés, les renseignements fournis par les registres publics ne permettent de déterminer, ni l'identité physique des immeubles, ni leur condition juridique » (2). En effet, à la suite d'une hypothèque consentie par Paul sur sa propriété de la rue Bonaparte, on inscrit une subrogation de privilège relative à un immeuble possédé par Pierre, boulevard

(1) Il suffit de consulter un recueil de jurisprudence pour s'en apercevoir : Mostaganem, 16 mars 1887. — Montluçon, 29 juillet 1886. — Beauvais, 3 février 1887. — Limoges, 16 janvier 1893. — Le Havre, 23 décembre 1893. — Rouen, 11 avril 1894. — Le nombre de ces contestations serait plus grand encore si les notaires et les conservateurs des hypothèques n'apportaient un soin minutieux à toutes leurs opérations.

(2) Besson, op. cit., p. 169. — Procès-verbaux de la Commission extra parlementaire du cadastre. Fasc. II, p. 97 et suiv. — Bonjean, op. cit., p. 401 et suiv. — V. *Revue polit. et parlem.*, année 1895, tome I. p. 278 (Challamel : *Les livres fonciers*).

St-Germain. Viennent ensuite d'autres inscriptions relatives à d'autres immeubles situés dans les quartiers
voisins. « Tous ces actes, dit M. Challamel, chevauchent
les uns à côté des autres et forment un véritable chaos ».
Le conservateur, qui est chargé de fournir les renseignements qu'on lui demande, s'y retrouve le plus souvent.
il est vrai, mais pour y satisfaire, il doit d'abord consulter
son répertoire alphabétique, puis feuilleter toute la série
des registres où il y a des inscriptions ; il doit, comme
on l'a dit à la Commission du cadastre, se livrer à un
travail qui ressemble beaucoup à un jeu de patience,
dont les petits morceaux de bois seraient épars et
dispersés en trente-six endroits différents.

Lorsque le conservateur, après bien des hésitations et
des lenteurs, croit avoir trouvé tous les renseignements
qu'il recherche, il lui est encore impossible d'affirmer
avec une entière certitude que les états qu'il délivre
présentent la liste complète des charges grevant l'immeuble. Cette situation empêche les capitalistes, qu'on ne
peut rassurer suffisamment sur la valeur du gage de
consentir des prêts avantageux pour les propriétaires
fonciers ; c'est pour cela qu'ils exigent toujours en matière
de prêts immobiliers un intérêt supérieur au taux ordinaire, intérêt qui contient une prime d'assurance destinée
à compenser les chances de perte.

4° Notre mode de publicité apporte donc une grande
lenteur à satisfaire aux demandes de renseignements et
rend les recherches très difficiles. Il présente encore le
grave inconvénient d'être *peu accessible aux intéressés*.
Aux termes de l'art. 2196 du Code civil, « les conservateurs sont tenus de délivrer à tous ceux qui les requièrent,
copie des actes transcrits sur leurs registres et celle des
inscriptions subsistantes, ou certificat qu'il n'en existe
aucune. » Ces dispositions forcent les personnes dési-

reuses de connaître le crédit d'un individu, à rédiger une réquisition écrite et à la remettre au conservateur, qui fera lui-même les recherches, sur le registre public. En supposant que ce dernier soit arrivé à trouver les renseignements désirés, il faudra qu'il se mette à les relater sur un certificat d'inscriptions, car le conservateur ne peut donner connaissance du contenu des registres verbalement et par simples notes. Quel temps mettra-t-on, pour accomplir toutes ces formalités et pour faire toutes ces écritures ! Ne serait-il pas plus simple de permettre, comme en Prusse, en Hollande, en Italie, en Espagne, en Grèce, au Canada, en Alsace-Lorraine, à tous ceux qui y ont un intérêt juridique, de prendre directement connaissance de ce qui est contenu dans les registres fonciers ? Ce procédé rapide est plus en harmonie avec les besoins de notre époque ; il a été appliqué en Alsace-Lorraine, et M. Puttkamer, secrétaire d'état de ces provinces, en montre ainsi l'utilité : « Je me suis beaucoup occupé d'hypothèque et de crédit foncier, et je puis vous assurer que *je n'ai jamais vu lever un seul extrait*. Le public a pris très vite l'habitude de consulter directement les registres ; les notaires également, soit par eux-mêmes soit par leurs clercs. Il est plus simple dans la pratique des affaires, lorsque les parties viennent chez le notaire pour passer un acte, d'envoyer un clerc au bureau foncier ; ce clerc met 15 ou 20 minutes pour aller et venir et prendre tous les renseignements nécessaires ; cela va plus vite. Les extraits qui étaient en usage autrefois ont entièrement disparu ; à leur place, on prend lecture personnelle des registres. » (1)

Cette réforme qui a produit dans ce pays d'excellents résultats, pourrait facilement être réalisée en France. Il

(1) Cité par Challamel, *Annuaire de législation étrangère*, 1892, page 332 note 1.

ne faudrait pas craindre qu'on lacère et qu'on abime les registres, attendu qu'ils seraient toujours consultés sous la surveillance et sous la direction des préposés. Mais au lieu de cela, la personne qui a besoin de renseignements, doit attendre que le conservateur ait fait la recherche et qu'il ait copié les inscriptions sur l'état qu'il doit délivrer. Il y a là une perte de temps quelquefois très grande ; il y a aussi une perte d'argent, car les états délivrés sont écrits sur timbre, et quelquefois, ils en couvrent plusieurs feuilles au milieu desquelles il est difficile de trouver le renseignement réclamé. (1) L'on sait en effet que ces certificats ne sont autre chose que la copie de l'inscription portée au registre. Mais pour opérer cette réforme en France, il faudrait que le mécanisme de la publicité hypothécaire ait lui-même été réformé complétement, car avec le système actuel les intéressés ne pourraient pas se frayer facilement un chemin dans le dédale de nos registres, puisque le conservateur lui-même y éprouve souvent d'énormes difficultés.

— Nous terminerons nos observations critiques en faisant remarquer que la fiscalité règne en maîtresse dans les bureaux des conservateurs. Dans un intérêt purement bursal, il a été décidé que les bordereaux seraient copiés littéralement sur les registres (Instr. de 1865) ; que les déposants devraient recevoir autant de reconnaissances timbrées qu'il y aurait de formalités requises, sans qu'on puisse les grouper sur une seule (loi du 5 janvier 1875, art. 2200 c. c.) ; que les certificats ne seraient délivrés que sur timbre et qu'ils seraient la copie exacte du

(1) Ce n'est pas injustement que ces états d'inscription ont été qualifiés par M. Bufnoir à la commission juridique du cadastre, de « grimoires indéchiffrables, » ils forment le plus souvent, a-t-il ajouté, « un fatras où le patricien le plus exercé a peine à se débrouiller. »

contenu des registres. Rien n'a été ménagé pour épargner les frais ; notre système de publicité est donc, comme l'a dit M. Challamel en des termes très énergiques, « le triomphe du grimoire et le triomphe du fisc, puisque tous les actes, copies d'actes et copies de copies, sont nécessairement sur papier timbré. » (1).

(1) Challamel : *Les livres fonciers et la commission du cadastre*, in Revue polit. et parl. 1895, I, p. 283.

CHAPITRE VII.

LÉGISLATIONS ÉTRANGÈRES.

Nous ne nous proposons pas d'étudier le mode de publicité des hypothèques dans toutes les législations contemporaines ; nous nous bornerons à examiner celles qui sont les plus importantes ou qui présentent des dispositions originales au point de vue qui nous occupe.

Les législations étrangères peuvent à ce point de vue se grouper en trois catégories (1) : la première catégorie comprend les législations des pays qui se rapprochent de la législation française et qui possèdent un mode de publicité par noms de personnes ; — à la deuxième catégorie se rattachent les législations qui gravitent autour du système germanique ; — enfin, la troisième catégorie réunit les législations qui appartiennent au groupe australien *(Act Torrens)*.

Le système germanique et le système de l'Act Torrens possèdent un trait commun : ils font reposer la publicité hypothécaire sur l'immeuble lui-même ; la publicité y est réelle. Mais ces deux systèmes diffèrent entre eux par les points suivants : *a)* l'inscription au livre foncier germanique est obligatoire, tandis qu'elle est facultative dans l'Act Torrens ; il en résulte que les feuillets du système germanique sont classés suivant l'ordre des numéros du cadastre, et que ceux du système Torrens

---

(1) **Nous empruntons cette classification à l'intéressant travail de M. Besson.**

sont classés d'après l'ordre des inscriptions ; — *b)* l'inscription au livre foncier dans le système germanique ne donne pas toujours à l'inscrivant un droit indiscutable. Si cette inscription ne repose que sur un contrat annulable ou résoluble, elle pourra être annulée (sous réserve toutefois des droits des tiers qui de bonne foi ont contracté avec celui qui était inscrit sur le livre foncier) ; au contraire l'inscription faite au livre foncier dans le système de l'Act Torrens fait naître au profit de l'inscrivant un titre « irréfragable, » qui traverse sans jamais épuiser sa valeur originelle, toute la série des mutations à venir, ayant, entre les mains de ses porteurs successifs, la même force probante qu'entre les mains du premier titulaire. » (1) — *c).* Enfin, la loi australienne n'exige pas, comme la loi prussienne, que les actes destinés à être rendus publics soient des actes authentiques, elle se contente d'actes simplement sous seings privés.

SECTION II. — **Législations du groupe français.**

Ces diverses législations possèdent un mode de publicité personnelle ; elles donnent la plupart une plus grande étendue au principe de la publicité que la loi française, à laquelle elles se rattachent par leur origine. Quelques-unes font reposer la publicité hypothécaire sur le cadastre, et ainsi se rapprochent des pays où les livres fonciers sont employés ; mais elles s'en écartent à plusieurs points de vue essentiels que nous aurons à signaler.

§ 1. — *Belgique* (2).

Ce pays a été régi traditionnellement en matière

(1) Besson. Les livres fonciers et la réforme hypothécaire, p. 343.

(2) Loi du 16 décembre 1851, in Antoine de Saint-Joseph. Concordance entre les Codes civils. 1856, t. II, p. 55. — Besson. Op. cit p. 186 et suiv.

hypothécaire par les règles de la publicité ; la Belgique
était, en effet, comprise dans la circonscription territoriale que formait l'ensemble des pays de nantissement.
La Belgique fut réunie à la France en 1795 ; elle fut
successivement soumise aux règles de la loi de brumaire
an VII et du Code Civil. Mais le système du Code était
loin de satisfaire des esprits habitués au principe de la
publicité absolue, et en 1851, un projet de loi fut adopté
dans un sens franchement réformiste. La loi du
16 décembre 1851, qui contient les dispositions du
nouveau régime hypothécaire, exige l'inscription de
toutes les hypothèques légales.

L'hypothèque légale du mineur (Art. 52 et 53) doit être
inscrite à la diligence du tuteur, sinon le conseil de
famille peut l'exclure de la tutelle, et le subrogé-tuteur
est responsable du défaut d'inscription. Le conseil de
famille peut aussi déléguer un de ses membres pour
prendre l'inscription, et les greffiers des justices de paix
ne peuvent délivrer aucune expédition des délibérations
du conseil de famille, avant qu'il ait été justifié de
l'inscription prise contre le tuteur. Pour assurer l'exécution de ces dispositions, la loi belge exige que les greffiers
de justice de paix tiennent sous leur responsabilité un
registre contenant l'état de toutes les tutelles ouvertes
dans le canton. Cet état contient la date de l'ouverture de
la tutelle, les noms, prénoms et domicile des tuteurs,
subrogés-tuteurs, mineurs et interdits ; il doit indiquer la
date et le résumé des délibérations des conseils de famille
touchant l'hypothèque légale.

L'hypothèque légale de la femme mariée doit également être soumise à la formalité de l'inscription, sinon
elle est frappée d'inefficacité. Le soin de requérir
l'inscription incombe dans tous les cas au mari ; mais
comme celui-ci pourrait quelquefois se soustraire à cette

obligation qui entame son crédit, la loi charge les parents
et alliés des époux jusqu'au troisième degré, et à leur
défaut, le juge de paix du canton du domicile conjugal et
le procureur du roi près le Tribunal de 1re instance, de
provoquer l'accomplissement de la formalité.

Ces dispositions de la loi belge sont pour la plupart
imitées de la loi du 11 brumaire an VII. Elles ne sont
pas les seules destinées à assurer une grande étendue à
la règle de la publicité. Outre qu'elle exige la publicité
de tous les privilèges sur les immeubles, même des
privilèges généraux (sauf les privilèges des frais de
justice), cette loi a supprimé l'hypothèque judiciaire (1).

Pour ce qui concerne la forme de la publicité des
hypothèques, la loi belge a maintenu les dispositions de
notre Code. La forme de la publicité y est restée
personnelle, et le cadastre n'a pas en Belgique plus que
chez nous, d'autre mission que de servir de base à la
perception de l'impôt foncier. Il en résulte que toutes les
critiques que nous avons formulées contre notre mode de
publicité s'appliquent à la loi belge, et que les personnes
intéressées à connaître l'état d'un immeuble déterminé
ne sont pas certaines de trouver dans les registres publics
tous les renseignements qu'elles désirent. En effet, les
recherches qui ont pour point de départ les noms des
personnes, ne peuvent conférer une complète certitude
et les erreurs provenant d'une mauvaise désignation des
propriétaires fonciers restent possibles.

(1) Un projet de réforme hypothécaire déposé au Sénat français
le 27 oct. 1896, par M. Darlan, Ministre de la Justice, contient des
dispositions analogues. — M. Laurent, interrogé sur les conséquences de la suppression pure et simple de l'hypothèque judiciaire,
a répondu dans ces termes : « On ne s'aperçoit pas en Belgique de
l'abrogation de l'hypothèque judiciaire. Quand la loi ne veille pas
aux intérêts des particuliers, ils y veillent eux-mêmes, ce qui vaut
infiniment mieux. » Lettre de M. Laurent à M. Flour de St-Gonis,
du 24 février 1880.

Un mouvement d'opinion dans le sens d'une réforme hypothécaire commence à se dessiner en Belgique. En 1889 et en 1892, dans les deux sessions du Congrès international de la propriété foncière, les jurisconsultes belges prirent une part active aux discussions, et particulièrement M. Dansaërt, président du Crédit foncier de Belgique et M. Brunart, avocat à Bruxelles. Chargés de rédiger le *Rapport sur l'immatriculation des immeubles*, ces deux jurisconsultes s'y sont déclarés partisans des livres fonciers, et étaient d'avis « d'attribuer à l'immatriculation le caractère d'un mode *absolu* de transmission *irrévocable* de la propriété, *vis-à-vis des tiers, tant de bonne que de mauvaise foi.* » (1).

Un projet de loi sur la révision du Code civil belge a été récemment soumis aux Chambres législatives, ainsi qu'en témoigne M. de Meulenaere, conseiller à la cour de Gand, dans son introduction à la traduction qu'il a faite du nouveau Code civil allemand.

§ 2. — Italie (2).

Le régime hypothécaire actuellement en vigueur en Italie est réglé par le Code civil du 2 avril 1865, appliqué dans tout le royaume (sauf dans les États pontificaux) depuis le 1er janvier 1866. Ce Code renferme une disposition obligeant à inscrire toutes les hypothèques, même les hypothèques légales, sous des sanctions pénales, et prescrit la désignation des immeubles avec des références avec le cadastre (art. 1979 et 1987). L'inscription conserve l'hypothèque pendant 30 ans à compter de sa date ; elle se prend en remplissant les mêmes formalités qu'en

(1) *Rapport sur l'immatriculation des immeubles*, p. 13 et 14.

(2) *Code civil italien du 2 avril 1865* (Trad. Orsier). — Olivier Beauregard, *De la Législation italienne.*

France : les omissions ou irrégularités commises dans la rédaction du bordereau n'entraînent la nullité de l'inscription que s'il en résulte une incertitude absolue sur un des éléments essentiels ; les erreurs et inexactitudes peuvent toujours être rectifiées. — La publicité est personnelle, comme en France et en Belgique, mais les recherches y sont plus sûres par suite de l'obligation d'indiquer le n° du cadastre dans l'inscription. De plus, les intéressés ont le grand avantage de pouvoir consulter directement les registres hypothécaires.

Il est probable que dans quelques années l'Italie entrera dans la voie de l'institution des livres fonciers : une loi du 1er mars 1886 y a en effet ordonné la révision du cadastre; de plus le Gouvernement a autorisé en 1890 certains conservateurs à faire l'essai de répertoires fonciers parcellaires, appuyés sur le cadastre et présentant pour chaque immeuble le tableau des actes l'intéressant.

§ 3. — *Hollande* (1).

Ce pays, qui était compris dans les Pays de nantissement, a conservé la tradition de ces pays, et pratique la règle de la publicité hypothécaire d'une façon absolue. Toutes les hypothèques sont soumises au régime de la publicité, faute de quoi elles n'ont aucune existence même à l'encontre des créanciers chirographaires (art. 1224). L'hypothèque du mineur et celle de la femme n'existent que si elles ont été stipulées dans une délibération du conseil de famille ou dans le contrat de mariage, et que, à défaut de stipulation, s'il y a eu un jugement désignant les biens soumis à l'hypothèque.

(1) Code civil du 1er octobre 1838, art. 1177 à 1268. — Anthoine de Saint-Joseph. *Concordance entre les lois hypothécaires*, Paris, 1847. — Besson. *Les livres fonciers*, p. 220.

Les registres publics de la Hollande sont basés sur le cadastre. Il est établi au chef-lieu de chaque arrondissement un bureau de la conservation des hypothèques et du cadastre régi par l'Administration de l'enregistrement. Parmi les registres que tient le conservateur des hypothèques, il y a, outre un registre des dépôts et un registre des inscriptions, un *registre général,* sur lequel les formalités qui concernent un même propriétaire sont relevées par extraits sous son nom. Chaque propriétaire d'immeuble a ainsi son compte individuel et ses immeubles y sont décrits d'après le cadastre ; à ce registre sont jointes : une table indicative des parcelles cadastrales qui se réfère au nom des propriétaires, et une table alphabétique des noms des propriétaires. Au moyen de cette combinaison ingénieuse, les recherches deviennent très faciles, qu'elles portent sur un immeuble déterminé ou sur toutes les propriétés d'un individu ; ce système tient donc à la fois de la publicité personnelle et de la publicité réelle.

Ajoutons à cela que les intéressés peuvent consulter directement les registres sans les déplacer, et que le cadastre est constammeut tenu au courant par les soins des conservateurs des hypothèques qui sont en même temps conservateurs du cadastre.

Par ces divers points, le régime de publicité hollandais se rapproche du système germanique, mais il s'en écarte beaucoup à d'autres points de vue : ainsi par exemple il n'admet pas le principe de la force probante des registres.

§ 4. — *Alsace-Lorraine* (1).

Le Code civil allemand et la loi qui lui sert d'intro-

____

(1) Besson. *Les livres fonciers et la réforme hypothécaire,* p. 224 et suiv. — Guillouard. *Tr. des priv. et hyp.* I, n°ˢ 71 à 78. — Challamel. *Annuaire de législation étrangère,* 1892, p. 331 et suiv.

duction, promulgués le 18 août 1896, n'entreront définitivement en vigueur dans tout l'Empire allemand que le
1ᵉʳ janvier 1900 (1). Jusqu'à ce moment, c'est toujours le
Code civil français qui sera appliqué en Alsace-Lorraine.
La matière des hypothèques y a cependant été remaniée
dans le but de préparer nos anciennes provinces à la
future législation.

Un projet du Gouvernement fut déposé en 1884 sur le
bureau de la Délégation d'Alsace-Lorraine, dans le but
d'établir dans ce pays le système de livres fonciers réels
avec force probante, tel qu'il est contenu dans la loi prussienne du 5 mai 1872. Ce projet, qui avait été précédé
d'une loi votée le 31 mars 1874, ordonnant la révision du
cadastre, fut ajourné sur les conclusions du rapporteur à
la Délégation, M. Gunzert. Une nouvelle tentative, faite
par le Gouvernement en 1886, fut encore l'objet d'un
ajournement. Mais en 1889, la Délégation consentit à
voter une loi transitoire faite dans le but de faciliter le
passage de la législation hypothécaire du Code français
au régime du livre foncier réel.

Cette loi, qui porte la date du 24 juillet 1889, soumet
au régime de la publicité absolue toutes les hypothèques
même les hypothèques légales et judiciaires, qui ne
prendront désormais rang que par l'inscription. Elle ne
fut pas longtemps appliquée. car, le 22 juin 1891, était
votée une nouvelle loi sur le régime hypothécaire. En
vertu de cette loi, des livres fonciers sont établis en
Alsace-Lorraine, mais ils sont tenus par *feuillets personnels ;* on a reconnu que ce système était préférable à
cause du grand morcellement de la propriété foncière.

(1) L'article 5 de cette loi d'introduction décide spécialement que
le nouveau Code s'appliquera à l'État impérial d'Alsace-Lorraine
« qui est réputée État confédéré dans le sens du Code civil et de la
présente loi. »

Le nouveau régime n'est applicable que dans les communes où la révision du cadastre a été accomplie (c'est-à-dire dans le dixième des communes) (1) ; c'est le tribunal cantonal, et non le conservateur des hypothèques, qui a la mission de le faire appliquer. Le rôle de ce tribunal n'est pas de contrôler l'identité et la capacité des parties, ni la valeur intrinsèque des actes, mais seulement leur régularité extérieure. Le trésor public est déclaré responsable des erreurs commises dans la tenue des livres fonciers par les magistrats que la loi a préposé à ce travail (art. 32). Chaque propriétaire foncier a son feuillet sur le registre établi dans chaque commune où le cadastre a été renouvelé ; tous les immeubles qui lui appartiennent figurent sur ce feuillet avec les charges et restrictions qui les grèvent (2), et spécialement les hypothèques. Toutes les indications y sont faites d'une façon très brève, de sorte que les personnes intéressées, qui ont le droit de consulter directement les registres peuvent d'un coup d'œil se rendre compte de la situation hypothécaire d'un particulier.

Il résulte de l'art. 6 de la loi de 1891 que « l'inscription au livre foncier des privilèges et hypothèques remplace avec tous leurs effets légaux l'inscription et le renouvellement de ces mêmes droits sur les registres hypothécaires. » En principe « la conservation des hypothèques inscrites n'est subordonnée à aucun délai, et

(1) Jusque la mise en vigueur du Code civil allemand, c'est-à-dire jusqu'au 1ᵉʳ janvier 1900, l'Alsace-Lorraine sera donc soumise à un double régime foncier : le régime de la transcription et de l'inscription à la conservation des hypothèques, pour les communes où la révision cadastrale n'a pas été faite, et le régime du feuillet foncier, tenu par les soins des tribunaux de canton, pour les communes où le cadastre a été révisé.

(2) Voir un modèle de feuillet foncier dans Challamel, op. et loc. cit., p. 358

leur inscription n'est plus sujette à renouvellement »
(art. 8). Il n'y a d'exception que pour les hypothèques
légales des mineurs, interdits et femmes mariées, dont
l'inscription ne conserve les effets que jusqu'à l'expiration de l'année qui suit la fin de la tutelle ou la dissolution du mariage ; l'effet de cette inscription cesse
lorsqu'elle n'a pas été renouvelée avant l'expiration de
ce délai.

Par la manière dont sont tenus les livres fonciers
d'Alsace-Lorraine, le nouveau régime hypothécaire se
rapproche du système des pays allemands. Mais il s'en
éloigne toutefois par des points essentiels qui permettent
de le classer plutôt dans les pays du système français ;
c'est ainsi que la publicité y est restée personnelle, que
les énonciations des registres ne sont pas nanties de la
force probante et que l'inscription ne procure pas à celui
qui la fait un droit plus solide que celui qu'avait l'auteur
du droit inscrit ; enfin, les transferts de propriété y
restent valables *inter partes* par le seul fait de la récep-
tion authentique du contrat et l'inscription sur le livre
foncier n'est exigée que pour rendre le contrat opposable
aux tiers.

§ 5. — *Canada* (1).

Notre ancienne colonie possède un système de publicité
qui repose sur le cadastre. Comme la publicité de la
Hollande, la publicité hypothécaire du Code canadien
présente une grande analogie avec le système de la
publicité réelle. Chaque bureau d'enregistrement possède,
outre une liste des propriétaires fonciers de son ressort,

(1) *Code civil du Canada*, édit. 1880, Mont-Réal, art. 2161, art.
2166-2180.

un plan « indiquant distinctement tous les lots de terre compris dans la circonscription » (art. 2166). Ce plan doit être accompagné d'une copie d'un livre de renvoi dans lequel sont insérés : 1° une description de chaque lot de terre ; 2° le nom du propriétaire de chaque lot ; 3° toutes remarques nécessaires pour faire comprendre le plan.

Les registres du Canada diffèrent toutefois des livres fonciers allemands, en ce qu'ils n'ont pas la même autorité ; ils ne font pas preuve de leurs énonciations au regard des tiers. L'inscription qui y est faite a seulement pour mission de porter les droits réels à la connaissance du public. La publicité des registres est expéditive et peu coûteuse ; outre les certificats d'inscription qu'il est tenu de délivrer, le Registrateur canadien doit « communiquer le livre de présentation (registre de dépôt) à tous ceux qui désirent l'examiner, sans déplacement, pendant les heures de bureau, et sans frais » (art. 2179) (1).

SECTION II. — **Législations du groupe germanique.**

Le système de publicité des pays allemands repose sur les principes suivants : 1° *publicité absolue*, exigée pour parfaire le contrat, non seulement aux yeux des tiers,

____

(1) Plusieurs autres législations peuvent encore se rattacher au groupe français, ce sont : le grand duché de *Luxembourg*. — la principauté de *Monaco* (Code civil du 23 oct. 1884). — le *Palatinat* ou Bavière rhénane (L. du 26 avril 1888), — les cantons de la Suisse romande : *Genève* (Lois du 28 juin 1820, 28 juin 1830, 6 janvier 1851, 12 sept. 1868) ; *Fribourg* (Lois du 28 juin 1832, 24 mai 1850, 28 mai 1863, 24 mai 1866) ; *Tessin* (Lois du 16-25 juin 1840, 3 décembre 1863, 4 novembre 1873, 27 février 1874 ; *Neufchâtel* (Cod. civ. de 1855, art. 1711 et suiv., loi du 30 août 1864, règlements du 20 mai 1865 et 8 août 1868 ; — la *Roumanie* (Code civil de 1864) : — la *Louisiane* (Code civil de 1824, liv, III, tit. 21 et 22, Constitution de 1868, art. 123) ; — l'*Illinois* (Acts du 29 mars 1872 et 3 avril 1873).

mais encore au regard des parties contractantes ; 2° inscription de chaque immeuble sur un *feuillet réel distinct*, sur lequel on groupe les mentions de tous les actes intéressant l'immeuble ; *3° force probante* du registre, attestant aux tiers la légitimité du droit du propriétaire inscrit comme tel, sous la seule réserve des charges et droits mentionnés sur la feuille foncière, d'où résulte la sécurité la plus complète pour ceux qui contractent sans fraude, sur la foi des registres publics ; 4° *légalité*, c'est-à-dire, « vérification par l'autorité hypothécaire de l'authenticité et de la régularité matérielle des titres qui servent de fondement aux inscriptions sur le registre foncier » (1).

§ 1. — *Allemagne.*

Le nouveau Code civil allemand qui a été promulgué le 18 août 1896, n'entrera en vigueur dans toute l'étendue de l'Empire qu'à partir du 1ᵉʳ janvier 1900. En attendant ce moment, les différents États qui forment l'Allemagne continueront à être régis par les lois qui leur sont propres. La plupart de ces lois ont adopté le système des livres fonciers. Nous nous bornerons à étudier la loi actuellement appliquée en Prusse (loi du 5 mai 1872), qui est la plus importante et qui a été insérée presque complètement dans le Code allemand.

A. *Loi prussienne du 5 mai 1872* (2). — Cette loi, à l'exemple de l'ordonnance du 20 décembre 1783, sa devancière, consacre le principe de la publicité absolue.

(1) Besson, op. cit., p. 248.

(2) Loi du 5 mai 1872 sur l'acquisition de la propriété foncière, et loi du 5 mai 1872 sur les livres fonciers, traduites par Gide, *Annuaire de législation étrangère*, 1873, p. 208 et suiv. — Lehr, *Droit civil germanique*, I, nˢ 109 à 119. — Besson, op. cit. p. 259.

Elle exige l'accomplissement des formalités de l'inscription aux livres fonciers, pour rendre valables les constitutions d'hypothèques, non seulement à l'égard des tiers, mais encore *entre les parties contractantes* ; jusqu'au moment où cette inscription est faite, la convention des parties ne donne au créancier hypothécaire aucun droit sur l'immeuble, mais seulement une action personnelle pour contraindre le débiteur à faire faire l'inscription.

Cette inscription doit être faite sur un livre foncier, *Grundbuch,* établi en prenant pour base le cadastre. Ce livre foncier contient l'indication de toutes les propriétés foncières, avec le nom de leurs propriétaires, et l'énumération de toutes les charges qui grèvent ces propriétés. Il est tenu, tantôt par feuillets réels, *Realfolien,* tantôt par feuillets personnels, *Personalfolien* ; ce dernier moyen n'est employé que dans les circonscriptions où le morcellement excessif de la propriété s'oppose à l'établissement des feuillets réels.

Le *feuillet réel* est divisé en un titre et 3 sections : le titre contient une description détaillée de l'immeuble, avec l'indication du numéro sous lequel il est porté au plan cadastral ; la première section indique le nom du propriétaire et l'origine de son droit de propriété ; la deuxième : les charges permanentes de l'immeuble, avec les restrictions apportées au droit de propriété ; enfin, la troisième : les hypothèques et les dettes foncières. (Loi du 5 mai 1872 sur les livres fonciers (2ᵉ loi), art. 1 à 13).

Le *feuillet personnel* groupe autour de lui les immeubles qui appartiennent à une même personne dans le ressort d'un bureau foncier ; ces immeubles y sont désignés d'après les données du cadastre, et mention y est faite des charges et hypothèques qui les grèvent ainsi que des mutations opérées. C'est ce feuillet personnel que la loi du 22 juin 1892 a établi en Alsace-Lorraine.

Lorsque l'inscription est effectuée, le créancier hypothécaire est muni d'un droit absolu sur la chose, vis-à-vis de tout le monde. C'est une application du principe de la *force probante*, qui a pour effet de faire regarder comme propriétaires ou créanciers hypothécaires, en vertu d'une présomption *juris et de jure*, ceux qui sont inscrits sur le livre foncier, et qui, *de bonne foi et à titre onéreux*, ont traité avec un propriétaire lui-même inscrit sur le livre foncier. « Si l'inscription est annulée, dit l'art. 9. (1re loi), cette annulation ne nuira pas aux tiers, qui, sur la foi de l'inscription, auraient acquis des droits sur l'immeuble, à titre onéreux et de bonne foi. » Ainsi donc, si l'inscription peut être annulée d'après les principes généraux du droit civil, cette annulation ne nuira pas aux tiers qui ont acquis des droits sur l'immeuble, à titre onéreux et de bonne foi, de la personne dont l'inscription est annulée. Le droit du revendiquant se résout alors en un recours en indemnité contre l'auteur des actes de disposition faits à son préjudice. Nous ferons remarquer en passant, que ce système peut aboutir quelquefois à des injustices, car celui qui est inscrit a le droit d'aliéner et d'hypothéquer valablement alors même qu'il tient son droit d'un non-propriétaire ; on permet ainsi que le véritable propriétaire soit spolié et on ne lui accorde qu'un recours en indemnité qui le plus souvent sera illusoire.

La partie qui veut attaquer une inscription, peut, pour éviter d'avoir à subir des droits qui seraient consentis à des tiers de bonne foi avant que sa prétention soit reconnue fondée, sauvegarder ses intérêts au moyen d'une prénotation (*Vormerkung*) ; si le revendiquant triomphe, l'inscription qu'il fera de son droit rétoagira au jour de la prénotation.

La force probante, attachée aux mentions des livres

fonciers, a pour effet non seulement d'empêcher la preuve contraire mais encore de mettre le titre inscrit à l'abri de la prescription acquisitive. (art. 6.)

Il est naturel qu'un effet aussi énergique ne soit produit par l'inscription que si les déclarations des requérants ont été soumises à un contrôle préalable. Aussi le fonctionnaire (*Grundbuchrichter*) chargé d'opérer l'inscription doit-il réunir les conditions d'aptitude requises pour être juge dans un tribunal ordinaire. Lorsqu'on lui fait une demande d'inscription, il doit vérifier la capacité du débiteur qui constitue l'hypothèque, la réalité et l'efficacité du titre invoqué et la situation juridique de l'immeuble lui-même ; la décision qu'il rend est susceptible d'appel. C'est ainsi que la loi prussienne, en admettant le principe de la force probante, repose sur un autre principe qui en est le corollaire : celui de la *légalité.* Nous sommes loin, on le voit, de notre conservateur des hypothèques, qui, simple agent de l'administration de l'enregistrement, n'a pas le droit de se faire juge de la validité des actes qu'on lui présente, et qui ne peut dans aucun cas en refuser ou en retarder l'inscription ou la transcription (art. 2199). Il est vrai que les mentions de son registre n'ont pas la même autorité.

Le fonctionnaire préposé à cette mission de contrôle est déclaré responsable des erreurs qu'il commet. S'il est insolvable, l'Etat se charge de réparer les préjudices causés.

L'inscription des hypothèques doit contenir la désignation précise de l'immeuble et la fixation du chiffre de la créance. Lorsque cette inscription a été prise, il est remis au créancier hypothécaire un extrait appelé lettre de gage, *Pfandbrief ;* cette lettre est transmissible par endossement, (1) et la transmission est effectuée par le

(1) Mais les parties peuvent renoncer à la faculté de se servir de cette voie de transmission (art. 122-2ᵉ loi.)

seul fait de l'endossement, sans qu'il soit besoin ni d'une inscription sur les registres fonciers, ni du consentement du débiteur, à qui il est indifférent de payer à l'un ou à l'autre. L'hypothèque a alors une existence indépendante de la créance ; elle continue de subsister malgré l'extinction de la dette, tant que cette extinction n'a pas été constatée sur le registre foncier et sur la lettre de gage ou *Pfandbrief*. Il en résulte que le débiteur, qui a payé sa dette sans le faire constater de cette façon, pourra être contraint de payer une seconde fois aux mains du tiers porteur de bonne foi du *Pfandbrief*.

Les registres fonciers sont publics et doivent être communiqués directement à toute personne ayant un intérêt juridique à en prendre connaissance. Ils sont déposés à la conservation foncière qui se trouve au chef-lieu de tout ressort judiciaire.

Les juges conservateurs et l'administration du cadastre se communiquent chaque année mutuellement les changements opérés dans l'état des immeubles, et ainsi une concordance rigoureuse et permanente est assurée entre les documents des deux administrations.

Si l'on compare le système de publicité de la loi prussienne à celui qui est en vigueur en France, on est frappé des immenses avantages qu'il présente. Il procure une sécurité complète par les divers principes qui le dominent : *publicité absolue,* qui oblige à l'inscription même pour constituer les droits réels entre les parties contractantes ; (ce qui exclut les privilèges et les hypothèques légales qui ont chez nous un rang ou une existence indépendante de leur inscription) ; — *spécialité* de toutes les hypothèques grevant les immeubles désignés par le numéro du cadastre ; — *force probante et légalité* accordant au droit inscrit une solidité complète ; — enfin *mobilisation du crédit,* que nous avons déjà observée dans la faculté pour le créancier hypothécaire de transmettre son titre, *Pfandbrief,* par voie d'endossement, et qui résulte encore de la permission accordée aux propriétaires fonciers d'émettre des bons hypothécaires (*Grundschuldbrief*) analogues aux cédules établies par la loi française du 9 messidor an III. Ce titre ou bon foncier contient la désignation de l'immeuble, le prix auquel il a été vendu depuis dix ans, et l'indication de la somme pour laquelle il a été émis ; il est transmissible par endossement en blanc et muni de coupons d'intérêts payables au porteur : le porteur non payé à l'échéance peut poursuivre l'expropriation de l'immeuble.

B. — *Code civil allemand.* (1) — La plupart de ses dispositions ont été empruntées à la loi prussienne de 1872 que nous venons d'analyser. Elles doivent toutefois trouver leur complément dans une loi sur les livres fonciers qui n'est pas encore votée, mais qui est sur le point de l'être et qui entrera en vigueur en même temps que ce Code.

La loi d'introduction du nouveau Code allemand laisse au souverain de chaque État confédéré le soin d'établir au moyen d'une ordonnance « la procédure de l'établissement des registres fonciers ainsi que le moment où ce registre doit être considéré comme établi pour un arrondissement. » (art. 186).

Les dispositions du Code relatives à la foi accordée aux inscriptions sont contenues dans les art. 891 à 899. Elles ne diffèrent guère de celles de la loi de 1872 sauf cependant par le point suivant : l'art. 892 décide que les droits acquis sans fraude sur la foi des livres fonciers seraient inattaquables par les tiers, une fois qu'ils ont été inscrits ; la condition de l'acquisition du droit en vertu

(1) O. de Meulenaere. — Traduction 1897 (Paris-Marescq.)

d'un acte à titre onéreux n'a pas été reproduite. Il faut donc en conclure que désormais les personnes qui acquerront de bonne foi un droit sur un fonds et qui l'auront fait inscrire conformément à la loi seront nanties d'un droit qui ne pourra être attaqué valablement par les tiers, que cette acquisition ait eu lieu en vertu d'un acte à titre gratuit ou à titre onéreux.

Le Code allemand diffère encore de la loi de 1872 en ce que son art. 1138 accorde le bénéfice de la foi publique à la créance hypothécaire elle-même. La loi de 1872 n'accordait la force probante qu'aux droits réels immobiliers inscrits sur les livres fonciers ; l'art. 1138 décide que l'acquéreur d'une hypothèque ne pourra se voir opposer « la nullité de la créance ni le paiement qui en aurait été fait. »

§ 2. — *Autriche* (1).

Les livres fonciers autrichiens diffèrent des livres fonciers prussiens en ce qu'ils sont toujours tenus par feuillets réels. Chaque domaine a son feuillet spécial divisé en trois sections : la première est consacrée à la désignation du domaine ; la deuxième, à l'indication des propriétaires successifs, et la troisième, à la nomenclature des hypothèques et autres charges grevant l'immeuble. Si le propriétaire possède plusieurs immeubles dans la même circonscription, ces immeubles sont groupés sur le même feuillet. Il y a autant de bureaux fonciers que de circonscriptions cadastrales, et ces bureaux sont annexés aux tribunaux de cantons.

(1) Loi du 25 juillet 1871. — Article : Étude sur les livres fonciers en Autriche, *in Bulletin de la Société de législation comparée,* 1876, p. 345. — *Annuaire de législation étrangère,* 1875, pp. 232 et 286. — Besson. Op. cit. p. 298. — Guillouard. Op. cit. p. 97 et s.

Le fonctionnaire chargé de remplir les formalités de l'inscription et d'examiner la validité de la demande n'est pas comme en Prusse un juge délégué par le tribunal de la circonscription ; cette mission est confiée en Autriche au Tribunal lui-même.

Les registres publics d'Autriche n'ont pas la même force probante que les livres prussiens ; ils n'arrivent à ce résultat qu'avec le secours de certaines conditions étrangères à leur teneur : on doit attendre l'expiration des délais accordés pour l'exercice des actions tendant à révoquer ou à annuler le titre du propriétaire inscrit.

Enfin, contrairement au titre inscrit sur le livre prussien, le titre autrichien laisse à la prescription la possibilité de s'accomplir.

§ 3. — *Suède* (1).

Le principe de la publicité a toujours été en honneur en Suède ; de tout temps la constitution des droits réels immobiliers s'est effectuée au moyen d'une investiture par acte public s'accomplissant devant le *thing* (assemblée de la centaine). Aujourd'hui encore l'investiture est prononcée devant une assemblée de douze citoyens. La loi hypothécaire de la Suède porte la date du 16 juin 1875 ; cette loi établit des livres fonciers tenus par feuillets réels. L'inscription hypothécaire est demandée au Tribunal qui l'accorde ou la refuse suivant la régularité ou l'irrégularité du titre, la capacité ou l'incapacité des parties. Si l'inscription est accordée, il en est fait mention au pied du titre.

(1) Loi hypothécaire de 1818. — Loi du 16 juin 1875. — Ord. du 14 décembre 1875. *Annuaire de législation étrangère*, 1876, p. 803. — Besson. Op. cit. p. 319.

Contrairement à ce qui se passe en Prusse, les inscriptions hypothécaires doivent être renouvelées tous les dix ans ; de plus, elles ne sont pas nécessaires pour parfaire le droit entre les parties, mais seulement pour le rendre opposable aux tiers ; enfin, elles ne sont pas munies de la force probante. En Suède comme en France, l'inscription n'est donc qu'un moyen de publicité qui ne donne pas à celui qui la fait plus de droits que n'en avait son auteur.

§ 4. — *Espagne* (1).

Le régime hypothécaire de l'Espagne est basé sur une rigoureuse application du principe de la publicité et de la spécialité. Toutes les hypothèques doivent y être rendues publiques par une inscription au bureau du *Registrador*, même les hypothèques des mineurs et des femmes mariées. Dans ces cas, les notaires sont chargés spécialement de veiller à l'accomplissement de la formalité de l'inscription.

Les inscriptions sur les livres du *Registrador* ne peuvent être faites qu'en vertu d'un titre authentique. Lorsqu'un propriétaire régulièrement inscrit traite avec des tiers de bonne foi, ceux-ci n'ont rien à craindre des actions en revendication, en rescision ou en nullité, qui n'ont pas été elles-mêmes rendues publiques par le moyen des prénotations (*anotaciones preventivas*). C'est là une dérogation à la règle : *nemo plus juris ad alium transferre potest quam ipse habet*, qui est la caractéristique de toutes les législations du groupe français.

(1) Loi des 8 février 1861, 21 décembre 1869 et 7 juillet 1877. — C. civ. 1889. — Besson. *Les livres fonciers et la réforme hypothécaire*, p. 322 et suiv. et p. 375 et suiv. — Lehr. *Droit civil espagnol*, Nᵒˢ 413 et suiv. — Guillouard. Op. cit.. p. 100 et s.

Le système hypothécaire de l'Espagne se rapproche de ce groupe en ce qu'il n'exige pas la formalité de la publicité pour constituer les droits réels entre les parties contractantes mais seulement pour les rendre opposables aux tiers. Cela résulte de l'art. 606 du Code espagnol.

Le *Registrador*, requis d'opérer une inscription, doit vérifier la capacité des parties et la régularité des actes.

Les intéressés sont admis à consulter directement les registres publics ou à en demander des extraits certifiés.

L'immatriculation des immeubles a été laissée *facultative* par la loi de 1861 ; il en résulte qu'un tiers des immeubles n'est pas encore immatriculé.

Pour remédier à cet inconvénient, deux projets de loi ont été présentés dans le but de favoriser le développement du crédit réel, l'un par M. Navarro Amandi, l'autre par M. San Bernado. Ce dernier projet tend à faire établir en Espagne la législation de l'Act Torrens ; il a été pris en considération le 19 février 1890, mais nous ne savons ce qu'est devenu ce projet. Un décret rendu le 3 avril 1894 autorise le ministre de la justice à présenter aux Cortès des projets de loi sur diverses modifications à apporter au régime hypothécaire de la Péninsule. (1)

---

(1) Les autres législations qui se rattachent au groupe germanique sont les suivantes : le *Portugal* (Code civ. de 1867 ; réglem. du 28 avril 1870) ; la *Hongrie* (loi XXI de 1840, ordonnance du 15 déc. 1855) ; la *Dalmatie* (loi du 10 février 1881); la *Suisse Allemande* : *Bâle* (loi de 1808, 1852 et 1860) ; *Lucerne* (loi de 1831 et 1861) ; *Zurich* (C. civ. de 1854 ; *Unterwald* (loi du 27 avril 1884); *Berne* (C. civ. de 1827) ; *Saint-Gall* (loi de 1831 et 1832) ; *Thurgovie* (lois de 1832 et 1850) ; *Soleure* (C. civ. de 1846) ; *Zug* (C. civ. 1874); *Grisons* (C. civ. de 1862) ; *Schaffouse* (C. civ. de 1865); *Glaris* (C. civ. de 1869) ; *Vand* (L. de 1882); *Uri* (loi de 1857) ; *Argovie* (C. civ. de 1850) ; la *Bavière* (lois du 1er juin 1822, du 23 février 1879, du 29 mai 1886) ; le *Wurtemberg* (lois du 15 avril 1825 et du 21 mai 1828); la *Saxe* (loi du 6 novembre 1843, décret du 15 févr. 1844 ; C. civ. saxon de 1865 ; ordonnance du

SECTION III. — **Groupe de l'Act Torrens.**

Les législations de ce groupe comprennent celles des pays où l'on a adopté un régime foncier analogue à celui qui porte le nom en Australie de *Real property act,* et qu'on désigne plus habituellement du nom de son inventeur Sir Robert Torrens. Ces législations reposent sur les mêmes principes que celles du groupe allemand. sauf quelques différences que nous avons examinées plus haut.

§ 1. — Australie (1).

Vers la fin de 1856, Sir Robert Torrens, directeur de l'Australie du Sud, frappé des inconvénients du système pratiqué pour la transmission de la terre, imagina un projet de législation qui lui fut inspiré, dit-il, par le régime des villes hanséatiques. Ce projet devait bientôt remplacer, en Australie, le régime foncier de l'Angleterre qui y était pratiqué. Ce régime était très imparfait et devait s'accommoder mal avec les exigences du crédit surtout dans un pays où le commerce avait pris une extension aussi considérable ; en Angleterre, l'hypothèque telle que nous la concevons n'existe pas : elle y est remplacée par le vieil usage des *conveyances*, qui se

9 janvier 1865) ; les *Villes libres : Francfort sur le Mein* (ord. du 19 mars 1820, 10 mars 1825, loi du 26 juin 1834); *Hambourg* (L. du 4 décembre 1868), *Lubeck* (15 juin 1872) ; *Brême* (3 avril 1860, 1er avril, 10 juin et 28 juin 1876). — La législation hypothécaire de la *Russie* assez imparfaite est sur le point d'être remaniée, en vertu d'un avis du Conseil de l'Empire du 10 février 1881. Le projet présenté s'inspire entièrement des principes du régime foncier allemand.

(1) *Bulletin de la Société de législation comparée,* étude de M. Ch. Gide, 1886, p. 288 et suiv. — Besson, op cit., p. 238 et suiv. — Guillouard, op. cit. p. 111 et suiv.

rattachent au *mort-gage* ou transfert de la propriété sous condition de rétrocession en cas de remboursement. — Le système de Sir Torrens fut adopté en 1858 dans l'Australie du Sud, et la plupart des autres provinces ne tardèrent pas à l'introduire dans leur législation.

Le système Torrens repose sur la création d'un livre foncier sur lequel « *pourront* » être inscrits les actes de mutation de propriété immobilière et les actes constitutifs de droits réels immobiliers : l'immatriculation au registre foncier est donc facultative, contrairement aux inscriptions sur le *grundbuch* prussien, et les propriétaires d'immeubles peuvent, à leur choix, se placer sous le régime de l'Act Torrens ou continuer à pratiquer le régime autrefois en vigueur.

Toute personne qui veut faire immatriculer ses immeubles, envoie une demande expresse au bureau des titres de propriété (il y a un seul bureau par province) ; il joint à cette réquisition la désignation des immeubles, les titres sur lesquels il fonde son droit de propriété, l'indication des propriétaires voisins, et, si c'est nécessaire, un plan certifié par un géomètre breveté.

Les agents nommés à cet effet dans chaque bureau d'enregistrement (*examiners of title*) procèdent alors à une enquête minutieuse, ils examinent toutes les pièces remises, et une Commission spéciale est chargée de prononcer l'admission ou le rejet de la demande d'immatriculation. Des publications sont faites dans les journaux afin de faire surgir les oppositions. — Si la demande est admise, et si aucune opposition n'est faite, on procède à l'inscription de la façon suivante : un certificat est établi sur parchemin, en double exemplaire, par le *Registrar general ;* ce certificat mentionne : au recto, les noms des propriétaires, la désignation de l'immeuble augmentée d'un plan colorié, et l'origine de propriété ;

au verso, les charges qui grèvent l'immeuble, baux, hypothèques, etc. Une place laissée en blanc permettra d'y relater les charges ultérieurement créées.

L'un des doubles reste au bureau du *Registrar general* il est relié ou inséré dans le registre-matrice avec les autres certificats délivrés par le même bureau ; il forme alors un feuillet du registre foncier ; — l'autre est remis au propriétaire après qu'on y a indiqué le folio et le volume où se trouve inséré le certificat correspondant et après avoir été scellé et signé par le *Registrar general*.

L'immatriculation une fois accomplie, le titre remis au propriétaire est inattaquable au regard de tous (art. 33 de l'Act édicté en 1861 pour l'Australie du Sud). De plus l'art. 123 du même Act dispose « qu'aucune action en éviction ne sera recevable contre le propriétaire immatriculé et que la production en justice du certificat du titre formera un obstacle absolu à la poursuite intentée contre la personne qui y est désignée comme propriétaire. » — Si l'immatriculation a été le résultat d'une erreur, le véritable propriétaire sera néanmoins dépouillé de son droit, mais il aura un recours sur un fonds d'assurance, dont la prime est fixée à 2 pour 1000 environ de la valeur de la terre ; cette prime doit être payée par toute personne qui fait enregistrer son titre.

Lorsque le propriétaire, dont le titre est immatriculé, veut hypothéquer son immeuble, il rédige en double un contrat d'hypothèque suivant la formule prescrite par la loi, le signe et fait certifier sa signature par un témoin ; puis il présente cet acte au *Registrar general* avec son certificat de propriété. Celui-ci mentionne la transaction tant sur le certificat mobile que sur le registre-matrice, puis il remet le certificat au propriétaire et donne au créancier hypothécaire un exemplaire de l'acte constitutif d'hypothèque sur lequel il a mentionné le date et l'heure de l'inscription.

Quand après avoir payé, le propriétaire voudra obtenir mainlevée de l'hypothèque, il fera signer par le créancier hypothécaire une décharge au dos de l'acte d'hypothèque, fera certifier cette signature par un témoin et l'enverra au *Registrar general* avec son titre de propriété. Le préposé mentionnera la décharge sur les deux exemplaires du titre de propriété, frappera d'un timbre d'annulation l'acte constitutif d'hypothèque et renverra au propriétaire son titre ainsi modifié.

L'Act accorde au créancier hypothécaire le droit de céder son titre soit par un acte de transfert, soit par un endossement mis au dos de l'acte d'hypothèque (avec signature certifiée par un témoin). L'acte de transfert ou l'acte endossé est envoyé au *Registrar general*, qui mentionne la cession sur le titre de propriété resté dans son bureau, et sur l'acte d'hypothèque. La cession n'est mentionnée sur le titre mobile que si le débiteur envoie son titre au *Registrar general*, mais la mauvaise volonté du débiteur qui refuserait d'envoyer son titre ne pourrait pas mettre obstacle à la cession.

Toute personne a le droit d'exiger qu'on lui communique les registres-matrices, sans avoir à justifier d'un intérêt quelconque. Celui qui veut faire une recherche n'a qu'à en faire la demande oralement et verser un droit fixe de 2 à 5 schillings suivant l'étendue de la recherche. Les recherches sont ordinairement faites sous la direction d'un commis du bureau.

Par cette publicité sans réserves, par la force accordée aux titres de propriété, la loi australienne procure une sécurité complète, elle supprime toutes les causes d'éviction par cela seul qu'un titre se trouve inscrit sur le registre-matrice, et évite les longues et délicates recher-

ches relatives aux origines de la propriété : le propriétaire une fois inscrit « n'a à s'inquiéter de rien pour le
passé, et ceux qui traitent avec lui comme acquéreurs ou
comme prêteurs sur hypothèques n'ont pas à s'en inquiéter
davantage » (1). Avec l'Act Torrens, les transactions
peuvent s'effectuer avec une rapidité considérable ; nous
dirons même avec une rapidité trop considérable, car il
est à craindre que des inscriptions soient opérées par
fraude ou par erreur au détriment du véritable propriétaire, d'autant plus que le ministère des notaires est supprimé et qu'il peut être remplacé par un simple témoignage qui peut être frauduleux ou complaisant.

§ 2. — *Tunisie* (2).

La législation hypothécaire de la Tunisie a sa source
dans le système Torrens. Comme la loi australienne, la
loi tunisienne « *permet* » aux propriétaires de faire
immatriculer leurs immeubles au bureau de la conservation foncière. Cette immatriculation a été laissée
facultative ; mais alors qu'en Australie, un grand nombre
de propriétaires, désireux de profiter des avantages du
nouveau système, ont fait immatriculer leurs immeubles,
la plupart des propriétaires tunisiens ont négligé de se
placer sous l'application de la loi nouvelle (3).

La faculté d'option accordée aux propriétaires, entraîne
un double inconvénient : « elle est une cause de compli

---

(1) Ch. Gide. *Bull. Soc. lég. comp.*, op. cit., p. 305.

(2) Lois du 1er juillet 1885 et du 16 mai 1886. — Décrets du 16 mai
1886, 22 juin, 17 juillet et 6 nov. 1888. — Ch. Gide *Bull. soc. lég*.
comp., 1886. p. 317 et suiv. — Besson. Op. cit. p. 379. — Gonse.
Communication à la Soc. de lég. comp., 1886, p. 560 à 570. —
Guillouard. Op. cit. p. 114.

(3) Besson. Op. cit. p. 390.

cations dans le service des conservations financières, car elle nécessite la tenue de deux registres, » et d'autre part, elle peut livrer passage à la fraude, en ce que le propriétaire d'un immeuble pourrait chercher dans un « abandon opportun du régime de la transcription le moyen de modifier les droits existants sur son immeuble, et que la loi des livres fonciers soumettrait, par le jeu de ses principes à des restrictions particulières (1). »

Pour faire immatriculer son immeuble, le propriétaire adresse une demande à la conservation foncière, et après publication, il est procédé au bornage de la propriété contradictoirement avec les voisins. La date de la clôture des opérations de bornage est insérée au journal officiel, et un délai de deux mois est accordé aux tiers pour faire opposition à l'immatriculation, à peine de forclusion. Pendant ce délai le service topographique lève le plan de l'immeuble.

Lorsque le délai est expiré, les diverses pièces et les oppositions qui se sont produites sont transmises à un tribunal spécial, qui doit statuer sans appel sur la demande en immatriculation. Après les décisions du tribunal, le conservateur fait procéder à l'inscription de la manière suivante : il classe les inscriptions dans leur ordre chronologique et non pas, comme en Prusse, d'après le cadastre ; il fait ces inscriptions sur des feuillets réels, sur lesquels il dresse le plan des immeubles à immatriculer, et où il en fait une description détaillée, après avoir mentionné le nom du propriétaire et l'indication des charges qui grèvent le bien. Un espace en blanc est réservé pour les inscriptions ultérieures, et une copie textuelle du titre avec une réduction du plan

(1 Rapport de M. Massigli sur l'immatriculation. Proc. verb. comm. cad. V. p. 428.

est remise à la partie pour qu'elle puisse justifier à son gré de son droit de propriété et de sa situation hypothécaire.

Les auteurs ne sont pas d'accord sur la portée qu'il convient d'accorder à l'immatriculation. Pour M. Besson, « le propriétaire inscrit comme tel sur le registre foncier est toujours, quoi qu'il advienne, le propriétaire légitime au regard des tiers qui contractent avec lui. Celui qui est lésé par l'inscription est privé de tout recours sur l'immeuble. il n'a qu'une action en indemnité contre le fonds d'assurance, après discussion de l'auteur du dommage (1). » Pour M. Gonse, au contraire, « l'inscription ne confère pas aux actes une validité qu'ils n'avaient pas eux-mêmes ; même inscrits, ils demeurent soumis aux contestations judiciaires. Le principe de légalité n'a pas été adopté par la loi tunisienne ; elle emprunte bien à la législation australienne l'idée de l'immatriculation facultative, mais après quelques tâtonnements elle revient aux idées de l'école française et refuse d'attacher les effets juridiques au seul accomplissement des formalités (2). »

Quoi qu'il en soit de cette controverse, il est certain que la loi tunisienne n'exige l'immatriculation que pour l'acquisition du droit à l'égard des tiers.

Cette loi organise d'une façon complète la publicité en matière hypothécaire. Toutes les hypothèques, même les hypothèques légales, doivent être rendues publiques par l'inscription, et l'hypothèque judiciaire est supprimée ; enfin les privilèges sur les immeubles, sauf ceux de l'art. 2101, sont transformés en hypothèques conventionnelles.

____

(1) Besson. Op. cit. p. 384. Ce fonds d'assurance est formé par le paiement d'une taxe de 1 pour 1000.

(2) Gonse. *Bull. soc. lég. comp.*, 1886, p. 365 et suiv.

La loi tunisienne n'exige pas que les divers actes à inscrire au livre foncier soient dressés par devant un officier public. Un acte sous seing privé, dont les signatures ont été légalisées, suffit aussi bien pour faire une vente ou une donation que pour constituer une hypothèque. Le conservateur, qui a des doutes sur la capacité d'une personne qui demande à faire inscrire un droit, doit en référer au tribunal, mais en attendant la décision, il sauvegardera les droits de cette personne au moyen d'une *prénotation*.

Toute personne qui requiert une inscription sur le livre foncier doit joindre à sa demande deux bordereaux analytiques et l'original ou l'expédition de l'acte à inscrire. Cette inscription n'est qu'une courte mention analytique portée à la fois sur le livre foncier et sur le titre de la partie qui requiert l'inscription. Elle produit ses effets tant qu'elle n'a pas été radiée matériellement ou tant que le droit n'est pas prescrit.

La publicité de la loi tunisienne repose sur l'immeuble lui-même, déterminé physiquement et juridiquement par le titre de propriété ; c'est donc une publicité réelle. Il y a pour faciliter les recherches du conservateur deux répertoires tenus l'un par noms d'immeubles, l'autre par noms de propriétaires, de sorte que les intéressés peuvent arriver facilement à connaître la situation hypothécaire soit d'un immeuble soit d'un individu. Les intéressés ne peuvent toutefois obtenir un renseignement qu'au moyen d'extraits délivrés par le conservateur, et ils ne sont pas admis à consulter directement les registres. (1)

---

(1) Un projet de loi du 10 novembre 1886 propose d'établir en *Algérie* un régime foncier et hypothécaire analogue à celui qui résulte du système Torrens. Ce projet n'ayant pas abouti, on en a dressé un second en avril 1893, qui n'a pas encore été adopté. — Les *îles Philippines* ont adopté le système Torrens en vertu d'une

CONCLUSION.

L'examen que nous avons fait de quelques législations étrangères montre combien la loi française s'est laissée devancer dans le chemin des réformes. Ce ne sont pas les projets qui ont manqué pourtant. Déjà en 1841, lors de l'enquête hypothécaire, les cours de Riom et de Montpellier, les Facultés de Droit de Paris et de Caen avaient demandé qu'on substituât à notre mode imparfait de publicité, le système de la publicité réelle. A cette époque, la confection du cadastre venait d'être terminée (1841), et il eut été facile d'établir dans chaque bureau des hypothèques, un registre spécial sur lequel un compte aurait été ouvert à chaque immeuble et où on aurait « indiqué, par renvoi, le numéro des inscriptions et des réalisations qui le concerneraient. Il aurait alors suffi, pour obtenir un état exact de tous les droits réels qui affectaient une parcelle, d'en indiquer le numéro au conservateur, sans qu'on ait à se préoccuper du nom des anciens propriétaires ». Telle était la proposition de la Faculté de Caen.

Sous l'Empire, le président Bonjean s'est fait l'apôtre

ordonnance du 31 août 1888 ; — En *Angleterre*, un projet de Code immobilier distribué à la Chambre des Lords le 26 mai 1889, présente de nombreuses similitudes avec l'Act Torrens ; — enfin l'*Espagne* possède aussi depuis 1890, un projet du même genre, émoné de M. de San Bernardo.

15

de cette idée, et du haut de la tribune du Sénat, dans la séance du 6 avril 1866, il proclama la nécessité de faire reposer la publicité hypothécaire sur les données du cadastre ; « si un pareil système était établi, disait-il, nous n'en serions pas réduits à déplorer, en de stériles regrets, le peu de crédit dont souffre la propriété agricole » (1).

Depuis lors, beaucoup de bons esprits ont émis le vœu que la réforme hypothécaire soit basée sur le cadastre ; on a même voulu solidariser ces deux réformes et essayer de faire croire que l'une ne pouvait aller sans l'autre. C'est une erreur ; la réforme hypothécaire peut très bien être réalisée, sans que le cadastre ait, pour cela, été l'objet d'une révision complète. Nous pensons que si le régime hypothécaire peut tirer un grand profit de la révision du cadastre, il ne faut pas pour cela subordonner la première réforme à la seconde ; autrement, on risquerait d'attendre quarante ans avant qu'un pas en avant ait été accompli.

C'est ce qu'a pensé aussi M. Darlan, Ministre de la Justice, lorsqu'il a déposé sur le bureau du Sénat, le 26 octobre 1896, un projet tendant à faire reposer notre régime hypothécaire sur une plus large application du principe de la publicité (2).

Cependant au point de vue spécial du mécanisme hypothécaire, il nous semble que ce projet aurait pu faire

(1) *Moniteur universel* du 7 avril 1866, p. 401.

(2) C'est ainsi que ce projet oblige les femmes mariées, mineurs et interdits à rendre publiques leurs hypothèques légales, soit par eux-mêmes, soit par les personnes à qui la loi confie ce soin. V. art. 18, 19, 20 et suiv. ; — qu'il exige la transcription de tous les actes de mutation de propriétés immobilières, et qu'elle supprime les privilèges généraux sur les immeubles que le Code dispensait de la formalité de l'inscription ; — qu'il supprime l'effet rétroactif accordé à l'inscription des privilèges immobiliers.

davantage : 1° Une modification de l'art. 2148 s'imposait, en effet ; on pourrait la faire en décidant que les inscriptions ne seront susceptibles d'être annulées, que s'il y a eu préjudice causé aux tiers par une erreur ou une omission faite dans cette inscription. Il serait bon également qu'on permette aux créanciers hypothécaires de rectifier facilement les erreurs faites dans les inscriptions, tout en conservant à ces inscriptions leur rang primitif, lorsque ces erreurs n'ont pas causé préjudice aux tiers ;

2° Tout en maintenant la nécessité de l'authenticité pour constituer les hypothèques conventionnelles, le projet de M. Darlan n'exige pas que ces actes contiennent la désignation de l'immeuble d'après le cadastre. Il est vrai que le cadastre actuel est défectueux, que, depuis qu'il a été dressé, on l'a laissé intact, et qu'on a négligé de le tenir au courant. Mais il peut parfaitement servir à titre de renseignements et contribuer à spécialiser davantage l'immeuble hypothéqué (1) ; c'est d'ailleurs ce qui est pratiqué aujourd'hui dans beaucoup d'études de notaires. De plus, cette indication servirait à la confection du répertoire foncier dont nous allons parler.

3° Le nouveau projet, en son art. 38, propose l'établissement d'un répertoire foncier. Ce répertoire procurerait certainement de grands avantages, et faciliterait les recherches. Il en existe de semblables en Hollande, en Italie et au Canada ; il suffirait pour l'établir de s'inspirer de ce qui se passe dans ces pays. Il existe déjà aujourd'hui de ces sortes de répertoires dans les bureaux d'Enregistrement : les receveurs s'en servent pour le contrôle des successions ; ces répertoires pourraient être utilisés pour confectionner celui dont nous parlons, et ainsi nous

(1) M. Boudenoot a comblé cette lacune par un amendement à l'art. 82 de la loi de finances de 1897. V. *Revue politique et parlementaire*, du 10 février 1897, p. 321 et 322.

aurions l'avantage de jouir de quelques-uns des bienfaits de la publicité réelle. Ce répertoire ajouterait aux registres que nous possédons, un précieux élément de publicité (1).

4° Nous aurions voulu que les registres hypothécaires ne contiennent plus la copie intégrale des actes qui y sont transcrits ou inscrits ; le projet de M. Darlan (art. 5) ne s'occupe de cette question que pour la transcription. Il nous semble pourtant que si le registre des inscriptions contenait des extraits substantiels au lieu de la copie des bordereaux, la publicité pourrait en tirer un grand profit.

5° Enfin, et pour les motifs que nous avons exposés plus haut, il serait bon qu'on rende plus facile aux intéressés l'accès des registres publics (ou du moins d'un registre, sorte de livre de raison où seraient consignés les actes concernant la propriété immobilière), en leur permettant d'en prendre directement communication.

— Ces différentes dispositions auraient certainement pour résultat d'améliorer la situation du crédit immobilier ; mais, seraient-elles suffisantes ? Et, *n'y aurait-il pas lieu d'introduire en France le système des Livres fonciers réels avec force probante*, imité des registres publics de la Prusse ou de l'Australie ?

C'est là une question grosse de controverses, qui a été

(1) Dans les régions où le cadastre n'est pas trop défectueux, il serait possible de l'établir de suite ; dans les autres régions, on pourrait l'établir au fur et à mesure qu'il serait amélioré ou mis à jour. — Il serait bon aussi qu'on refonde sur un type uniforme les répertoires personnels et les tables alphabétiques tenus dans les conservations, car il est bizarre de constater que « les procédés administratifs qui doivent assurer la publicité hypothècaire, varient de région à région et même de bureau à bureau ; sous prétexte de respecter l'indépendance professionnelle du conservateur, l'arbitraire règne en maître. » Flour de Saint-Genis. *Revue polit. et parl.*, 10 février 1897, p. 298.

agitée très souvent durant ces dernières années, praticulièrement dans le sein du Congrès international de la propriété foncière et à la Commission extra-parlementaire du Cadastre. Des admirateurs passionnés du système allemand, comme MM. Besson, Yves Guyot, Worms, voudraient que l'on tende vers ce but et qu'on y arrive le plus tôt possible, afin de donner à la propriété foncière une base sérieuse et solide. — D'autres, et parmi eux on peut classer beaucoup de praticiens, M. Flour de Saint Genis, conservateur des hypothèques à Paris (1). M. Fabre et M. Lefebvre, notaires (2), sont d'avis que la propriété foncière tient plus solidement qu'on ne le dit entre les mains de ses propriétaires; qu'elle est suffisamment établie par ses titres juridiques et par l'ensemble des contrats successifs qui s'y rapportent; et que s'il y a beaucoup d'action en revendications dans les statistiques judiciaires, cela tient aux empiètements que laisse faire sur son terrain un propriétaire qui ne surveille pas son bien, (en labourant un champ, on a vite fait de mordre de quelques centimètres dans le champ du voisin), mais non aux défauts du droit de propriété lui-même. — D'autres enfin, comme M. Guillouard, pensent qu'il serait bon d'entrer immédiatement dans la voie des réformes, mais qu'on n'y arrive que par étapes successives. Il faut arriver, dit-il, à la publicité réelle, telle qu'elle existe en Allemagne, mais avant cela, il faut faire une loi transitoire où l'on donnera au principe de la publicité une plus grande application en supprimant les privilèges immobiliers et les hypothèques générales

(1) **Flour de St-Genis** : *Le crédit territorial et la réforme hypothécaire*, p. 126.

(2) **M. Fabre.** Commission extra parlementaire du Cadastre (séance du 3 décembre 1891). — **M. Jules Lefebvre**, notaire à Lille, Ebauche de réforme hypothécaire (1894),

ou occultes. « Un brusque changement pourrait entraîner une grande perturbation dans les affaires et ébranler le crédit foncier au lieu de l'affermir » (1).

Il est certain, que quand bien même on voudrait procéder immédiatement à cette réforme, ce serait impossible. Le cadastre actuel, pour servir de base à la tenue des Livres fonciers, aurait besoin d'être refait. Or, sa révision ou sa réfection entraînerait des dépenses considérables : 550 millions au minimum (2). Par qui ferait-on supporter ces dépenses? On ne pourrait sans injustice en faire peser le poids sur le propriétaire foncier seul, car sa situation ne serait pas très sensiblement améliorée par la réforme du cadastre ; c'est moins directement le propriétaire foncier qui en profitera que le pays tout entier, que le crédit en général ; c'est donc à l'ensemble du pays qu'il faut demander de payer cette dépense, et l'état actuel de nos finances qui n'est rien moins que prospère nous fait hésiter à entrer dans cette voie (3).

La constitution des livres fonciers réels trouverait donc devant elle un premier obstacle dans l'énormité des dépenses à effectuer pour refaire le cadastre ; elle en trouverait un autre dans l'état parcellaire de la propriété foncière en France. Cette propriété est en effet morcelée

(1) Guillouard. — *Tr. des privilèges et hypothèques*, n° 126-131 et n° 109.

(2) Pour avoir un cadastre parfait, auquel on aurait procédé par immatriculations isolées, il faudrait faire une dépense de deux à trois millards, d'après l'évaluation de M. Piat, chef du service topographique en Tunisie. Rapport sur les opérations cadastrales, p. 18.

(3) Un moyen plus économique d'arriver à la révision du cadastre serait d'offrir aux communes qui feraient ce travail de faire participer l'Etat à une quote-part des dépenses. V. Un projet de loi de M. Boudenoot, *Journal officiel*, 1894. Doc. parlem. Annexe n° 373. — V. aussi Procès-verbaux de la Commission du cadastre, observ. de M. Bufnoir, II, p. 101.

à l'excès en vertu de nos lois successorales sur le partage, qui permettent à chaque héritier d'exiger sa part dans chaque immeuble de la succession (art. 832). Il en résulterait que les registres à tenir seraient excessivement nombreux, et que les opérations cadastrales seraient ainsi rendues plus longues et plus difficiles.

Néanmoins, si après avoir fait une réforme dans le sens que nous avons indiqué plus haut, l'état du crédit immobilier ne s'était pas amélioré, ce que nous ne pouvons croire, on pourrait alors chercher le remède dans l'adoption d'un système analogue au système germanique. La réforme ainsi faite aurait eu au moins l'avantage de préparer le terrain et d'habituer les esprits à une plus large application du principe de la publicité.

Mais sera-t-il nécessaire d'en arriver là ? — Nous ne connaissons pas les besoins qui peuvent se produire dans l'avenir, aussi ne voulons-nous rien présager sur ce point; — pour le moment, nous croyons qu'on s'est beaucoup trop enthousiasmé pour les procédés en vigueur dans les pays étrangers, et que, devant l'ingéniosité de ces systèmes et la sécurité absolue qu'ils procuraient, on a cru trop vite qu'en France il n'y avait rien de stable dans l'assiette de la propriété. Les difficultés signalées sont plutôt théoriques que pratiques, et il nous semble que dans l'étude de ces problèmes, on s'est trop peu préoccupé de la situation de notre pays; nos lois, nos mœurs, nos traditions doivent nécessairement compter dans l'appréciation de cette question, et on aurait tort de négliger ce point de vue. La France n'est pas un pays de grande propriété comme l'Allemagne, où traditionnellement on suppose qu'à chaque mutation de propriété, en vertu d'une sorte de domaine éminent, le bien transmis fait retour à l'Etat qui le rétrocède à l'acquéreur; l'ensaisinement féodal ou censuel a péri dans la tourmente révolutionnaire , et notre pays connaît depuis un siècle l'indépendance absolue de la propriété privée vis-à-vis de l'Etat. Les droits de l'Etat sont déjà suffisamment étendus ; les augmenter encore ce serait porter une grave atteinte à la liberté de l'individu. Les exigences dont on entoure en Allemagne les actes relatifs à la propriété foncière se comprennent dans ce pays, qui est resté fidèle aux traditions du droit féodal ; elles se comprennent aussi dans les législations primitives où il importe d'envelopper la naissance des droits dans des cérémonies destinées à les rendre sensibles, mais « elles seraient mal accueillies en France où, sous l'influence des doctrines économiques favorables à la célérité des affaires et à la simplification des actes juridiques, le grand principe de la liberté des conventions prend chaque jour une extension plus considérable. » (1)

La situation de la propriété foncière en France n'est pas non plus la même que celle de l'Australie et des pays neufs, comme la Tunisie et l'Algérie. Le système adopté par ces pays est peut-être excellent à cause du milieu où il est employé. Dans ces pays, en effet, il n'y a que des « espaces libres à cadastrer, à concéder, ou à vendre (2).» On peut donc donner facilement à toutes les propriétés des limites fixes et bien alignées. Au contraire, chez nous, « chaque parcelle a déjà un nom, un maître, sa culture ; on est en présence de faits accomplis et de découpures arbitraires. » Ce qui est possible dans les pays neufs, ne serait donc que très difficilement praticable dans un pays comme le nôtre, où on ne peut faire table rase de ce qui existe et bouleverser toutes les habitudes.

(1) Gillard. *De la Constitution de l'hypothèque conventionnelle*, n° 91.

(2) Flour de St-Genis. *Rev. pol. et parlem.*, 10 fév. 97, p. 301.

Pour conclure, nous nous rallierons à l'opinion d'un praticien qui a passé de longues années dans le notariat et qui a étudié la question de très près (1), en disant qu'il vaut mieux améliorer qu'innover, et qu'on peut très bien introduire en France la publicité réelle sans recourir au livre foncier avec force probante, et « nous souhaiterons que, pour le bien du pays, l'esprit d'innovation ne gagne pas nos législateurs en les dirigeant vers une entreprise considérable, difficile, dispendieuse et d'un résultat douteux, au lieu de se borner à faire sans secousse et sans dépense exagérée la réforme hypothécaire et l'amélioration du cadastre. »

(1) Jules Lefebvre, notaire à Lille. *Ébauche d'un projet de réforme hypothécaire soumis au Comité des Notaires des départements en 1894*, page 12.

Vu :   Vu :

Le Doyen de la Faculté, *Le Président de la Thèse*,
GARSONNET.   BUFNOIR.

Vu
et permis d'imprimer :

Le Vice-Recteur de l'Académie de Paris,
GRÉARD.

BIBLIOGRAPHIE.

Accarias. — Précis de droit romain, 2 vol. in-8.

Annuaire de législation étrangère.

Aubry et Rau. — Cours du Code civil, 4 édit.

Baudry-Lacantinerie et de Loynes. — Des privilèges et hypothèques. Paris, 1896, 3 vol.

Basnage. — Des hypothèques. Rouen, 1724.

Beaune. — Droit coutumier français, les contrats. Paris, 1888.

Besson. — Les livres fonciers et la réforme hypothécaire. Paris, 1891.

Challamel. — Les livres fonciers et la commission du cadastre, in Rev. pol. et parl. année 1895.

Colmet de Santerre. — Cours analytique de Code civil, tome IX.

Dareste. — Les inscriptions hypothécaires en Grèce (Nouvelle Revue historique), 1885.

Documents relatifs au régime hypothécaire. Paris, 1844.

Ferrière. — Dictionnaire de droit et de pratique. Paris, 1686.

Flour de St-Genis. — Le crédit territorial et la réforme hypothécaire, 1888. — Revue polit. et parl. du 10 févr. 1897.

Gazette des Tribunaux, 25 et 26 février 1897.

Gide, Charles. — Étude sur l'Act Torrens. (Bull. de la Soc. de législ. comparée, 1886).

Gide, Paul. — Traduction de la loi prussienne de 1872. (Annuaire de législ. étr. 1873).

Gillard. — De la constitution de l'hypothèque conventionnelle. Paris, 1891.

Glasson. — Hist. du droit et des institutions de la France.

Grenier. — Des hypothèques. Paris 1829.

Guillouard. — Traité des privilèges et hypothèques. Paris, 1896.

Jourdan. — Études de droit romain, l'hypothèque.

Jourdan, Decrucy et Isambert. — Recueil des anciennes lois françaises, 17 vol. in-8.

Laurent. — Principes de droit civil, tome 30.

Lehr. — Droit civil germanique. — Droit civil espagnol.

Locré. — Travaux préparatoires du Code civil. Paris, 1827.

Loyseau. — Du déguerpissement. Paris, 1621.

Machelard. — Dissertations de droit romain. Paris, 1882.

Merlin. — Répertoire. Paris, 1827-1828.

Meulenaere (O. de). — Traduction du nouveau Code civil allemand. Paris, 1897.

Mourlon. — Traité de la Transcription. 2 vol. 1862.

Pardessus. — Édition des œuvres de d'Aguesseau.

Pont. — Des privilèges et hypothèques. Paris, 1876.

Procès-verbaux de la Commission extra parlementaire du cadastre, 5 fascicules. Paris, 1891-94.

Rondel. — La mobilisation du sol en France. Paris, 1888.

Troplong. — Des privilèges et hypothèques. Paris, 1854.

Viollet. — Précis de l'histoire du droit français, 2° éd. Paris, 1892.

TABLE DES MATIÈRES.

www.ingramcontent.com/pod-product-compliance
Ingram Content Group UK Ltd.
Pitfield, Milton Keynes, MK11 3LW, UK
UKHW020739120726
13693UKWH00001B/403